BAC PRO ASSP

2de - 1re - Tle

NOUVELLE ÉDITION

MISE À JOUR

NUTRITION ALIMENTATION

Structure & Domicile

Sous la coordination de :

Cécile Brachet
Professeur de Biotechnologies Santé Environnement

Fabienne Darriné
Professeur de Biotechnologies Santé Environnement

Maïté Morin
Professeur de Biotechnologies Santé Environnement

Marie-Christine Tuchagues
Professeur de Biotechnologies Santé Environnement

DELAGRAVE

Sommaire

PARTIE 1 Les bases pour comprendre

PARTIE 2 Alimentation du jeune enfant

PARTIE 3 Alimentation de l'adolescent

ISBN : 978-2-206-30465-6

PARTIE 4 Alimentation de l'adulte

PARTIE 5 Alimentation de la personne âgée

PARTIE 6 Qualités sanitaire et organoleptique des aliments

Se préparer à l'examen

Documentation professionnelle

Lexique

Ressources numériques

Des ressources numériques accessibles gratuitement en classe ou à la maison

Synthèse à compléter

QCM Mots croisés

Aller plus loin

Voir pages 4 et 5

Ressources numériques

Découvrez les ressources numériques en accès gratuit pour tous

Dans chaque page « **Mémoriser l'essentiel** » de chaque séquence retrouvez des ressources numériques :

Récapituler et retenir – Synthèse à compléter – lienmini.fr/nut465-01

20 **synthèses interactives**, à compléter, pour retenir l'essentiel

Vérifier ses acquis – QCM – lienmini.fr/nut465-02

Vérifier ses acquis – Mots croisés – lienmini.fr/nut465-28

20 **mots croisés** ou **QCM interactifs**, pour faire le point sur ses acquis

Aller plus loin – Site internet – lienmini.fr/nut465-03

26 **sites internet** pour approfondir ses connaissances

Aller plus loin

Séquence 1 Les explorateurs de l'énergie (l'énergie musculaire : animation et jeu QCM)
lienmini.fr/nut465-03

Séquence 2 Nutrissime
(les familles alimentaires : articles)
lienmini.fr/nut465-06

Séquence 3 Manger bouger (la « fabrique à menus » : conception de menus équilibrés)
lienmini.fr/nut465-09

Séquence 4 Laits.fr, partenaire de l'Afpa
(le choix d'un lait adapté : articles)
lienmini.fr/nut465-12

Séquence 5 La-viande.fr
(les vitamines et la viande : article)
lienmini.fr/nut465-15

Séquence 6 Guigoz.fr
(la diversification alimentaire : article)
lienmini.fr/nut465-16
ou lienmini.fr/nut465-19

Séquence 7 Institut Pasteur de Lille
(les allergies alimentaires : vidéo)
lienmini.fr/nut465-22

Séquence 8
- Manger bouger
(manger mieux à l'adolescence : articles)
lienmini.fr/nut465-23
- Ameli.fr (détections et complications du surpoids chez l'enfant : article)
Lienmini.fr/nut465-26

Séquence 9 Anses.fr (les lipides : article)
lienmini.fr/nut465-29

Séquence 10
- mangerbouger.fr
(les matières grasses : article)
lienmini.fr/nut465-30
- mangerbouger.fr (comprendre les informations nutritionnelles : article)
lienmini.fr/nut465-33

Séquence 11 Thérapie TCA Bretagne (comment soigner un trouble alimentaire : article)
lienmini.fr/nut465-36

Séquence 12
- Inpes Santé (le sel : comment limiter sa consommation : fiche conseil)
lienmini.fr/nut465-37
- Passeportsante.net
(le sel, ce poison : article)
lienmini.fr/nut465-40

Séquence 13 Fédération française des diabétiques (menus)
lienmini.fr/nut465-43

Séquence 14 Lasantedanslassiette.com
(fiches pratiques)
lienmini.fr/nut465-46

Séquence 15
- Nutrisenior (évaluation nutritionnelle, les signes de la dénutrition : article)
lienmini.fr/nut465-47
- Vivre en aidant (les besoins nutritionnels de la personne âgée : article)
Lienmini.fr/nut465-50

Séquence 16 Manger bouger (la déshydratation de la personne âgée : article)
lienmini.fr/nut465-53

Séquence 17 Anses.fr (les protéines : article)
lienmini.fr/nut465-56

Séquence 18
- Allodocteurs avec France.tv
(le goût : vidéos)
lienmini.fr/nut465-59

Séquence 19
- OMS (cinq clés pour des aliments plus sûrs : manuel)
lienmini.fr/nut465-60
- Génie alimentaire
(l'altération des aliments : article)
lienmini.fr/nut465-63

Séquence 20 Allodocteurs avec France.tv
(les intoxications alimentaires : vidéos)
lienmini.fr/nut465-66

Récapituler et retenir

Synthèse à compléter

Séquence 1 Besoins nutritionnels de l'organisme lienmini.fr/nut465-01

Séquence 2 Groupes alimentaires lienmini.fr/nut465-04

Séquence 3 Équilibre alimentaire lienmini.fr/nut465-07

Séquence 4 Alimentation lactée lienmini.fr/nut465-10

Séquence 5 Constituants alimentaires et modifications physico-chimiques (1) lienmini.fr/nut465-13

Séquence 6 Alimentation diversifiée lienmini.fr/nut465-17

Séquence 7 Allergies et intolérances alimentaires lienmini.fr/nut465-20

Séquence 8 Surpoids et obésité lienmini.fr/nut465-24

Séquence 9 Constituants alimentaires et modifications physico-chimiques (2) lienmini.fr/nut465-27

Séquence 10 Régimes hypoglucidique et hypolipidique lienmini.fr/nut465-31

Séquence 11 Troubles du comportement alimentaire lienmini.fr/nut465-34

Séquence 12 Maladies cardiovasculaires et régime hyposodé lienmini.fr/nut465-38

Séquence 13 Régime pour diabétiques et régime sans résidu lienmini.fr/nut465-41

Séquence 14 Équivalences alimentaires lienmini.fr/nut465-44

Séquence 15 Besoins de la personne âgée et compléments alimentaires lienmini.fr/nut465-48

Séquence 16 Déshydratation et dénutrition de la personne âgée lienmini.fr/nut465-51

Séquence 17 Besoins en protéines et régime hyperprotidique lienmini.fr/nut465-54

Séquence 18 Qualité organoleptique lienmini.fr/nut465-57

Séquence 19 Altération des aliments et modes de contamination lienmini.fr/nut465-61

Séquence 20 Toxi-infections alimentaires lienmini.fr/nut465-64

Vérifier ses acquis

QCM ou **Mots croisés**

Séquence 1 Besoins nutritionnels de l'organisme lienmini.fr/nut465-02

Séquence 2 Groupes alimentaires lienmini.fr/nut465-05

Séquence 3 Équilibre alimentaire lienmini.fr/nut465-08

Séquence 4 Alimentation lactée lienmini.fr/nut465-11

Séquence 5 Constituants alimentaires et modifications physico-chimiques (1) lienmini.fr/nut465-14

Séquence 6 Alimentation diversifiée lienmini.fr/nut465-18

Séquence 7 Allergies et intolérances alimentaires lienmini.fr/nut465-21

Séquence 8 Surpoids et obésité lienmini.fr/nut465-25

Séquence 9 Constituants alimentaires et modifications physico-chimiques (2) lienmini.fr/nut465-28

Séquence 10 Régimes hypoglucidique et hypolipidique lienmini.fr/nut465-32

Séquence 11 Troubles du comportement alimentaire lienmini.fr/nut465-35

Séquence 12 Maladies cardiovasculaires et régime hyposodé lienmini.fr/nut465-39

Séquence 13 Régime pour diabétiques et régime sans résidu lienmini.fr/nut465-42

Séquence 14 Équivalences alimentaires lienmini.fr/nut465-45

Séquence 15 Besoins de la personne âgée et compléments alimentaires lienmini.fr/nut465-49

Séquence 16 Déshydratation et dénutrition de la personne âgée lienmini.fr/nut465-52

Séquence 17 Besoins en protéines et régime hyperprotidique lienmini.fr/nut465-55

Séquence 18 Qualité organoleptique lienmini.fr/nut465-58

Séquence 19 Altération des aliments et modes de contamination lienmini.fr/nut465-62

Séquence 20 Toxi-infections alimentaires lienmini.fr/nut465-65

PARTIE 1

Les bases pour comprendre

Situation professionnelle

Les enseignants de l'école maternelle de votre ville ont choisi cette année de mener un projet pédagogique sur l'éducation nutritionnelle. Diverses notions sont abordées tout au long de l'année afin de sensibiliser les enfants à l'équilibre alimentaire.
Vous participez à l'encadrement d'une activité ayant pour objectif la réalisation d'affiches sur des groupes d'aliments.

Connaissances abordées

- BEP ⌂ ○ **1.2** Groupes d'aliments
- BEP ○ **2.1** Besoins nutritionnels
- ⌂ ○ **2.4** Équilibre alimentaire

Info+

Vocabulaire de la nutrition

1 – UN ALIMENT

Substance habituellement ingérée par un être vivant et qui lui fournit les matières et l'énergie nécessaires à sa vie et à son développement.

Du pain

Fibres | Glucides : amidon | Protides

Glucides : amidon → Oses (sucres) : glucose

Protides → Acides aminés

2 – DES CONSTITUANTS ALIMENTAIRES

Biomolécules constituées d'atomes.
Une biomolécule est une molécule qui participe au métabolisme d'un être vivant.
Certaines biomolécules sont dites « minérales » comme l'eau et les éléments minéraux.
D'autres biomolécules sont dites « organiques » telles que les lipides, glucides, protides et les vitamines.

Molécule d'amidon (glucide complexe)

3 – DES NUTRIMENTS

Molécules très petites qui résultent de la décomposition des constituants alimentaires au cours de la digestion.
Ces molécules simples peuvent alors être absorbées par les villosités intestinales, passées dans le sang ou la lymphe et être assimilées par l'organisme.

Molécule de glucose

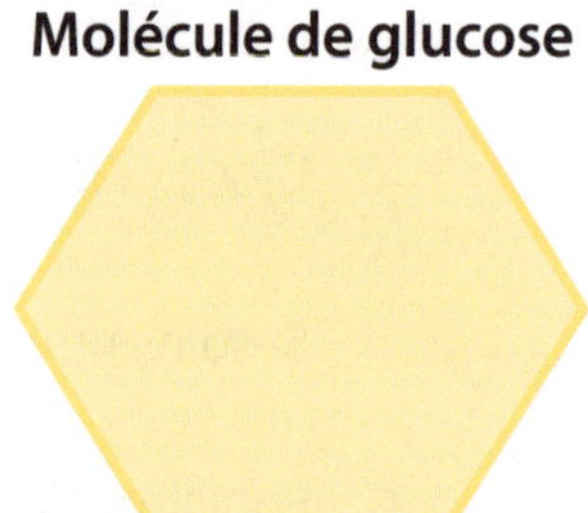

PARTIE 1

SÉQUENCE 1

Besoins nutritionnels de l'organisme

Objectifs

- Indiquer et justifier les besoins nutritionnels de la personne aux différents âges.
- Justifier les modifications des besoins de l'organisme en fonction des facteurs (activité, états physiologique et pathologique).

ACTIVITÉ 1 Les différents besoins nutritionnels

DOC. 1

Des besoins très variés !

L'organisme a plusieurs types de besoins nécessaires à sa vie et à sa santé.
Ainsi, chaque jour, le corps humain dépense de l'énergie pour permettre le travail musculaire, le fonctionnement des différents organes, etc. Il s'agit des besoins énergétiques.

De plus, la croissance des tissus ou le renouvellement des cellules usées correspondent aux besoins plastiques (ou bâtisseurs).

Enfin, les besoins fonctionnels sont nécessaires aux diverses activités biologiques de l'organisme.

Ces trois types de besoins sont satisfaits par une alimentation variée et équilibrée.

1 Relever à partir du **doc. 1** les trois différents types de besoins de l'organisme.

- ....
- ....
- ....

2 Souligner dans le **doc. 1** ce qui permet de couvrir ces trois besoins.

DOC. 2

Fonctionnement de l'organisme et utilisation des aliments

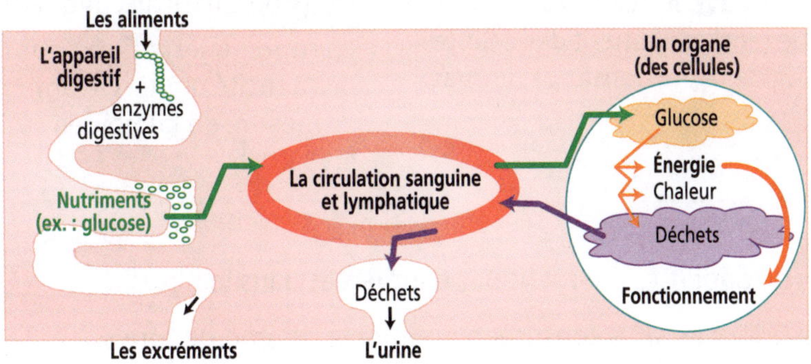

3 Indiquer à partir du **doc. 2** ce que deviennent les aliments après la digestion.

....

....

....

ACTIVITÉ 2 Les besoins énergétiques

DOC. 3

Le métabolisme basal

Le métabolisme basal est la dépense énergétique minimale de notre organisme. En effet, pour permettre les activités vitales (fonctionnement du cerveau, du cœur, des poumons et divers organes), une certaine quantité d'énergie doit être apportée au corps. Cette quantité correspond à l'énergie d'une personne au repos, à jeun, dans un milieu tempéré (20-25 °C).

Ce métabolisme varie selon l'âge, le sexe, le poids, la taille des personnes mais aussi l'influence de facteurs internes tels que les hormones de l'organisme comme celles de la thyroïde.

1 Rechercher à partir du **doc. 3** la raison qui explique pourquoi une personne qui dort a quand même besoin d'énergie.

pour permettre les activités vitales /

2 Retrouver dans le **doc. 3** un facteur interne qui peut faire varier ce métabolisme basal.

il s'agit des hormones comme celles fabriquées par la thyroïde

3 Rechercher dans le **doc. 3** le facteur externe à l'organisme qui peut faire varier le métabolisme basal.

l'âge, le sexe, le poids, la taille x il s'agit de la T° extérieure

DOC. 4

Utilisations de l'énergie par l'organisme

Pour permettre leur fonctionnement, les organes vitaux (cerveau, cœur, poumons…) consomment de l'énergie.

La contraction musculaire, à l'origine des mouvements du corps, est possible grâce à l'énergie apportée par l'alimentation ou à celle stockée dans le corps sous forme de glycogène (foie et muscles) et dans les cellules adipeuses.

La construction des nouvelles cellules au cours de la croissance et le renouvellement des cellules mortes tout au long de la vie demandent aussi de l'énergie.

La thermorégulation est le maintien de la température corporelle à 37 °C ; elle devient plus importante quand la température extérieure est très basse.

Les trois constituants alimentaires qui permettent de fournir de l'énergie à l'organisme sont les lipides, les glucides et les protides.

La production de l'énergie se déroule au sein des mitochondries de chaque cellule de l'organisme.

La ration énergétique quotidienne, c'est-à-dire la quantité d'énergie dont notre corps a besoin, se mesure en kilojoules ou en kilocalories (1 kJ = 4,18 kcal).

4 Souligner les types de dépenses énergétiques énumérées dans le **doc. 4**.

5 Rechercher dans le **doc. 4** les trois constituants alimentaires énergétiques.

- ………………
- ………………
- ………………

6 Relever à partir du **doc. 4** les unités de mesure des besoins énergétiques.

……………………………………………

DOC. 5

Des besoins énergétiques très différents

1 heure de sommeil
220 kJ

1 heure d'écriture, de lecture
400 kJ

1 heure de course à pied
1 600 kJ

1 heure de repas
300 kJ

1 heure de télévision
300 kJ

7 À partir du **doc. 5**, calculer et reporter dans le tableau ci-dessous la dépense énergétique journalière d'une élève dont les activités sont les suivantes :

Activités	Durée sur 24 h	Dépense (kJ) pour 1 heure	Dépense (kJ) totale par jour
Dormir	8 h	....	....
Écrire et lire	9 h	....	....
Faire du sport (course à pied)	3 h	....	....
Manger	2 h	....	....
Regarder la télévision	2 h	....	....
Dépense énergétique journalière totale :			....

8 Déduire de ce tableau la principale dépense énergétique journalière de cette élève.

....

9 Rechercher dans l'**annexe 1** si cette dépense énergétique journalière correspond à la moyenne établie pour une adolescente à 200 kJ près.

....

DOC. 6

Énergie nécessaire à certains états pathologiques et physiologiques

Femme enceinte
9 000 kJ par jour

Femme allaitante
9 000 kJ par jour

Personne fiévreuse : 40 °C
12 000 kJ par jour

10 Sur l'**annexe 1**, observer les apports énergétiques conseillés par jour pour chaque individu et conclure sur les facteurs les influençant.

....

11 À partir des **docs. 5** (p. 11) et **6**, déduire les autres facteurs influençant les besoins énergétiques.

....

DOC. 7

Apport énergétique d'un aliment

Protides, lipides et glucides fournissent de l'énergie à notre corps.

1 g de protide ou de glucide libère dans l'organisme 17 kJ et 1 g de lipide libère 38 kJ.

Informations nutritionnelles moyennes

	Pour 100 ml de lait (% des AJR*)
Energie	46 kcal 193 kJ
Protéines	3,15 g
Glucides	4,8 g
Lipides dont	1,55 g
acides gras saturés	1,0 g
acides gras mono-insaturés	0,45 g
acides gras poly-insaturés	0,08 g
dont Oméga 3	16 mg
Calcium	120 mg (15%)

* Apports Journaliers Recommandés

12 À partir du **doc. 7**, calculer l'apport énergétique de 100 mL de lait.

....

....

13 Vérifier si votre calcul est exact en contrôlant l'étiquette du lait. Une tolérance de 1 à 2 kJ est acceptée.

....

14 Entourer sur l'étiquette du lait le nom du constituant alimentaire qui n'apporte pas d'énergie.

ACTIVITÉ 3 Les besoins plastiques et fonctionnels

DOC. 8

Les besoins plastiques

L'organisme doit trouver dans l'alimentation des éléments nécessaires à la fabrication de nouvelles cellules. Ce besoin en matériaux est appelé besoin « plastique » (ou besoin « bâtisseur »). Il est important pour assurer la construction des cellules en périodes de croissance chez l'enfant, l'adolescent et la femme enceinte.

Mais ce besoin va permettre aussi le renouvellement des cellules usées et la réparation des tissus lésés (plaie, opération chirurgicale, fracture, hémorragie…). En effet, les cellules ont des durées de vie variables. Une cellule de peau peut vivre 3 à 4 semaines avant d'être renouvelée. Un globule rouge vit environ 120 jours. Une cellule de la rétine ne dépasse pas la dizaine de jours. Une cellule de foie ou de poumon vit de 400 à 500 jours. La plus grande partie des neurones du cerveau n'est pas renouvelée.

Les besoins plastiques sont satisfaits majoritairement par certains constituants alimentaires : les protides, les minéraux, l'eau, et les lipides.

1 À partir du **doc. 8**, citer les deux principales utilisations des besoins plastiques et donner pour chacune d'entre elles un exemple.

- .... Ex. : ....
- .... Ex. : ....

2 Retrouver dans le **doc. 8** les cellules ayant la plus courte durée de vie.

....

3 Encadrer dans le **doc. 8** les cellules que notre organisme ne peut pas remplacer.

4 Justifier le besoin plastique plus important chez une personne présentant une plaie à la jambe.

....

5 Souligner dans le **doc. 8** les constituants alimentaires pouvant couvrir les besoins plastiques.

DOC. 9

Les besoins fonctionnels

Certains constituants alimentaires sont indispensables au bon fonctionnement des organes de notre corps. Ils maintiennent l'organisme en bonne santé et évitent les maladies.

Ainsi, l'eau qui participe à la constitution de nos tissus permet également de transporter des nutriments et des déchets. D'autres constituants comme les protides, qui ont un rôle constructeur, permettent aussi de nous protéger en intervenant dans la fabrication des anticorps. Ils participent également à l'élaboration de certaines hormones. Les fibres, quant à elles, assurent un bon transit intestinal. Enfin, les vitamines et certains éléments minéraux veillent au bon déroulement des réactions chimiques qui ont lieu au sein de nos cellules.

6 Souligner dans le **doc. 9** la définition des besoins fonctionnels.

7 À partir du **doc. 9**, lister les constituants alimentaires ayant un rôle fonctionnel.

....

Mémoriser l'essentiel

L'organisme a plusieurs types de besoins

Plastiques ou bâtisseurs
L'organisme trouve dans l'alimentation des éléments nécessaires à la fabrication de nouvelles cellules.

Composants alimentaires concernés : **protides, lipides, éléments minéraux, eau**

Fonctionnels
Indispensables au bon fonctionnement de notre organisme, ils maintiennent l'organisme en bonne santé et évitent les maladies.

Composants alimentaires concernés : **eau, protides, fibres, vitamines, minéraux**

Énergétiques
- S'expriment en kilojoules (ou kilocalories)
- Varient selon l'âge, l'activité physique, le sexe, la température extérieure, l'état physiologique ou pathologique

Composants alimentaires concernés : **glucides, protides, lipides**

Énergie utilisée par l'organisme pour assurer :

Travail musculaire
Contraction musculaire possible grâce à l'apport d'énergie via :
- l'alimentation
- le stock dans le corps (glycogène ; cellules adipeuses)

Thermorégulation
Maintien de la température corporelle à 37 °C

Fonctionnement des organes vitaux
Cerveau, cœur, poumons, etc.

Croissance
- Construction de nouvelles cellules au cours de la croissance
- Renouvellement des cellules mortes

Récapituler et retenir
Synthèse à compléter
lienmini.fr/nut465-01

Vérifier ses acquis
QCM
lienmini.fr/nut465-02

Aller plus loin
Site internet
lienmini.fr/nut465-03

PARTIE 1

SÉQUENCE 2

Les bases pour comprendre

Groupes alimentaires

Objectifs

- Indiquer les groupes d'aliments.
- Indiquer pour chaque groupe d'aliments les constituants caractéristiques.

ACTIVITÉ 1 La classification des aliments par groupes

DOC. 1

Les sept groupes d'aliments

Il existe sept groupes d'aliments :

produits laitiers / viandes – poissons – œufs (VPO) / corps gras / fruits – légumes / féculents – céréales / produits sucrés / boissons

....

....

....

....

....

....

....

❶ À partir de la liste des groupes d'aliments du doc. 1, placer sous chaque photo le nom du groupe associé à la catégorie d'aliments représentés.

❷ À partir du doc. 1, classer les aliments de la liste suivante dans le tableau ci-après.

Orange / fromage / miel / poulet / huile / pain / eau / yaourt / chocolat / beurre / truite / riz / thé / pomme de terre / salade / crème fraîche

Produits laitiers	Viandes – Poissons – Œufs	Corps gras	Fruits – Légumes	Féculents – Céréales	Produits sucrés	Boissons
....	....	....	....	....	....	....
....	....	....	....	....	....	....
....	....	....	....	....	....	....

ACTIVITÉ 2 Les apports nutritionnels des groupes d'aliments

DOC. 2

Apports nutritionnels principaux des différents groupes

Les aliments sont classés par groupes d'aliments en fonction des constituants alimentaires principaux qu'ils apportent. Cependant, chaque groupe peut apporter d'autres constituants alimentaires de façon moins importante ou minoritaire.

Groupes d'aliments	Produits laitiers	Viandes – Poissons – Œufs	Corps gras	Fruits – Légumes	Féculents – Céréales	Produits sucrés	Boissons
Constituants principaux	Protides Calcium	Protides Fer	Lipides	Fibres Vitamines Minéraux Eau	Glucides	Glucides	Eau
Constituants minoritaires	Vitamines Lipides	Lipides Vitamines	Vitamines	Glucides	Protides Vitamines Minéraux Fibres		Minéraux

❶ À partir des docs. 1 (p. 15) et 2, compléter le tableau ci-dessous.

Aliments	Groupes d'aliments	Constituants alimentaires principaux
	....	....
	....	....
	....	....
	....	....
	....	....

❷ Un enfant de 5 ans n'aime manger aucun aliment du groupe « VPO ». Préciser quel groupe peut se substituer à celui-là.

....

❸ • À partir de l'**annexe 5**, compléter, dans le tableau ci-dessous, la composition en glucides des aliments suivants :

Aliment (pour 100 g)	Protides (g)	Glucides (g)	Lipides (g)	Eau (g)
Haricots verts	1,3	....	0,3	92
Riz blanc	2,9	....	0,4	63,9
Pomme de terre	1,8	....	0,3	78,3

• Justifier à quel groupe d'aliments appartient la pomme de terre.

....

....

DOC. 3

Extrait d'une fiche technique : les crêpes

Denrées	Quantité pour 2 personnes
• Œuf	→ 1
• Farine de blé	→ 80 g
• Huile de tournesol	→ 1 cuillerée à soupe
• Lait entier	→ 1,5 dL
• Sucre en poudre	→ 50 g

❹ À partir du **doc. 3**, citer les groupes d'aliments contenus dans les crêpes.

....

❺ Proposer un goûter à base de crêpes qui inclurait tous les groupes d'aliments.

....

....

❻ À partir des **annexes 4**, **5** et **6**, compléter le tableau ci-dessous concernant l'apport nutritionnel de ces crêpes.

Aliment (pour 100 g)	Protides (g)	Glucides (g)	Lipides (g)	Eau (g)
Œuf	....	....	....	....
Farine de blé	....	....	....	....
Huile de tournesol			....	
Lait entier	....	....	....	....
Sucre en poudre		....		....

❼ Relever dans l'**annexe 4** la quantité de lipides apportés par 100 g de beurre et par 100 g de crème fraîche puis en déduire dans quel groupe ils doivent être classés.

....

....

Mémoriser l'essentiel

Les aliments sont classés par groupes en fonction des constituants alimentaires principaux qu'ils apportent. Dans un même groupe, ils peuvent se substituer.

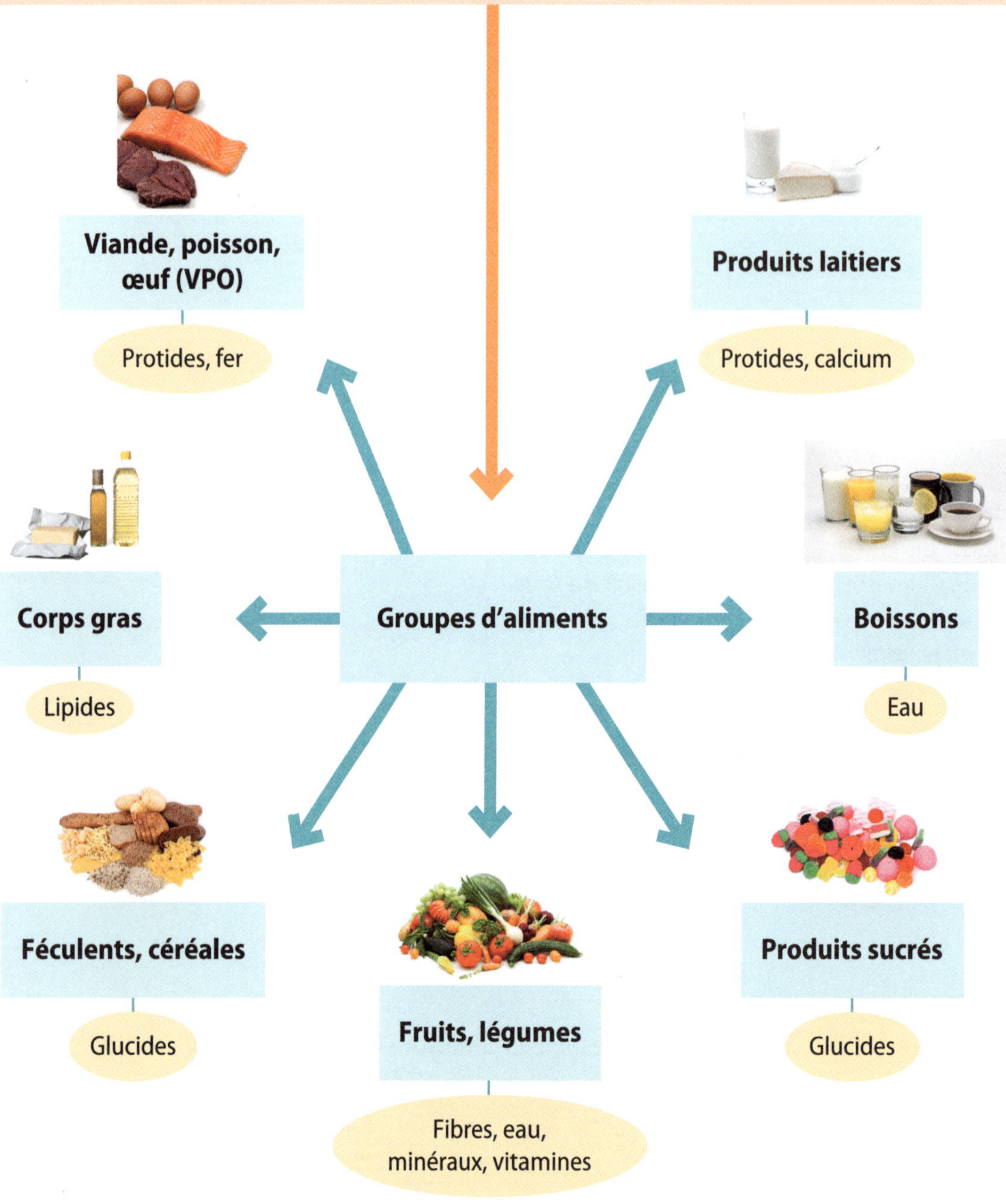

Récapituler et retenir

Synthèse à compléter

lienmini.fr/nut465-04

Vérifier ses acquis

QCM

lienmini.fr/nut465-05

Aller plus loin

Site internet

lienmini.fr/nut465-06

SÉQUENCE 3

Équilibre alimentaire

Objectifs

- Proposer des repas adaptés aux différents âges de la personne.
- Vérifier l'équilibre alimentaire à partir d'exemples de menus.

ACTIVITÉ 1 L'équilibre qualitatif d'un repas

DOC. 1

Construction d'un repas équilibré

Une alimentation équilibrée doit apporter tous les constituants alimentaires nécessaires aux différents besoins de l'organisme. Afin de trouver tous ces constituants, il est important de respecter certaines règles d'équilibre alimentaire.

Ainsi, l'équilibre qualitatif d'un repas est réalisé quand tous les groupes d'aliments sont représentés au moins une fois à l'exception du groupe « Fruits – légumes », qui peut être consommé plusieurs fois.

DOC. 2

Menu du lundi midi dans un self

Saucisson et beurre

Poulet grillé et frites

Fromage blanc sucré

Pain

Eau

1 Cocher dans le tableau ci-dessous les groupes d'aliments présents dans le repas du **doc. 2**.

PLATS	VPO	Produits laitiers	Corps gras	Féculents – Céréales	Fruits – Légumes	Produits sucrés	Boissons
Saucisson et beurre							
Poulet grillé							
Frites							
Fromage blanc sucré							
Pain							
Eau							

2 Observer chaque colonne des groupes d'aliments et déduire, à partir du **doc. 1**, les raisons pour lesquelles ce repas du déjeuner n'est pas équilibré.

....

....

DOC 3

Équilibre alimentaire sur une journée

Les contraintes de la vie professionnelle et les obligations personnelles ne permettent pas toujours d'équilibrer chaque repas.

Cela devient compliqué quand les repas de midi sont pris en dehors du domicile, car ils sont imposés dans des collectivités ou sont négligés pour des raisons financières ou personnelles (manque de temps).

Cependant l'équilibre alimentaire peut se faire sur la journée ou sur plusieurs jours. Ainsi cela permet de rectifier les erreurs en limitant les excès et en compensant les insuffisances.

3 Souligner dans le **doc. 3** en rouge, les raisons pour lesquelles l'équilibre alimentaire n'est pas toujours respecté et en vert, les objectifs de l'équilibre sur la journée.

DOC 4

Plats proposés lundi soir dans le même self

Entrées	Plats principaux	Desserts
Pâté OU salade de tomates 	Rôti de veau accompagné de carottes braisées OU rôti de veau accompagné de pâtes Pain et eau : à disposition	Yaourt nature et compote OU gâteau au chocolat 

4 En tenant compte du déjeuner du **doc. 2** (p. 19), composer un dîner équilibré en soulignant les plats choisis du **doc. 4**.

5 • Vérifier que ce menu est équilibré en complétant le tableau ci-dessous. S'aider si besoin du **doc. 1** (p. 19).

	VPO	Produits laitiers	Corps gras	Féculents – Céréales	Fruits – Légumes	Produits sucrés	Boissons
Entrée							
Plat principal							
Dessert							
Pain							
Eau							

• Justifier cet équilibre.

....

....

ACTIVITÉ 2 Équilibre du petit déjeuner

DOC. 5

Importance du petit déjeuner

Le petit déjeuner est essentiel pour bien commencer la journée avec énergie : l'organisme est à jeun depuis la veille, il doit reprendre des forces. Le petit déjeuner permet de reconstituer ses réserves énergétiques nécessaires pour affronter efficacement la matinée. Il doit être considéré comme un véritable repas puisqu'il doit assurer à lui seul près d'un quart des apports énergétiques de la journée.

Un petit déjeuner complet permet de passer une matinée tonique sans fatigue, de limiter le « creux de 11 heures », la fatigue par **hypoglycémie** qui s'accompagne d'une baisse des performances physiques et intellectuelles. Cela se traduit souvent dans les établissements scolaires par des passages à l'infirmerie en raison de migraines ou malaises. De plus, il évite les grignotages excessifs de produits sucrés et gras.

Un petit déjeuner équilibré permet de prendre un déjeuner plus léger et d'éviter ainsi la somnolence de l'après-midi, souvent provoquée par une **digestion** plus longue et difficile. Il assure ainsi une répartition équilibrée des aliments et permet d'éviter la prise de poids.

1 Souligner dans le **doc. 5** en vert, la part du petit déjeuner dans la ration énergétique journalière et en rouge, les conséquences de l'absence de petit déjeuner.

DOC. 6

Composition d'un petit déjeuner équilibré

Trois aliments obligatoires pris dans ces groupes :

Produits laitiers

+

Féculents ou céréales

+

Fruits

et toujours s'assurer de la présence d'une boisson (lait ou jus de fruit ou autre boisson).

Mais il est possible d'ajouter :

Une portion de beurre

Un produit sucré (confiture, miel…)

2 À partir du **doc. 6**, compléter ces petits déjeuners pour les équilibrer.

Petits déjeuners	Compléments
A. Pain + emmental + pomme	....
B. Biscuits secs + yaourt	....
C. Lait + céréales	....

ACTIVITÉ 3 L'équilibre quantitatif des repas d'une journée

DOC 7

Extrait du Plan National Nutrition Santé (PNNS)

Le PNNS propose des repères de consommation sur la fréquence journalière des différents groupes d'aliments.

Fruits et légumes		au moins 5 par jour
Pains, céréales pommes de terre et légumes secs		à chaque repas et selon l'appétit
Lait et produits laitiers (yaourts, fromages)		3 par jour
Viandes et volailles produits de la pêche et œufs		1 à 2 fois par jour
Matières grasses ajoutées		limiter la consommation
Produits sucrés		limiter la consommation
Boissons		de l'eau à volonté
Sel		Limiter la consommation

1. Entourer dans le doc. 7 en rouge, les aliments à limiter et en bleu, les aliments à privilégier.

2. À partir de ses connaissances, nommer la boisson qui convient le mieux à chaque repas puis justifier la réponse.

....

Rappels des menus de la journée (activités 1 et 2)		
Petit déjeuner	**Déjeuner**	**Dîner**
• Bol / verre de lait • Pain et beurre-confiture • Jus d'orange	• Saucisson et beurre • Poulet grillé et frites • Fromage blanc sucré • Pain • Eau	• Pâté OU salade de tomates • Rôti de veau et carottes braisées OU rôti de veau et pâtes • Yaourt nature et compote OU gâteau au chocolat • Pain • Eau

3. Souligner dans le dîner les choix effectués dans l'activité 1 (doc. 4, p. 20).

4. À l'aide du doc. 7, indiquer si la fréquence des différents groupes d'aliments est respectée sur la journée.

....

DOC 8

Repas d'une journée pour Marie, 35 ans

Petit déjeuner

Jus d'orange

100 g

Chocolat au lait avec 2 sucres

200 mL

Pain avec beurre et 1 c. à s. de confiture

100 g de pain

Déjeuner

Salade de tomates

50 g

Poulet rôti

100 g

Frites

300 g

Fromage blanc

....

Compote de pêches

100 g

Pain

....

Dîner

Velouté de courgettes

200 g

Salade de riz :

Riz

30 g

Œuf dur

1

Concombre

....

Gruyère

....

Pain

30 g

Pomme

....

Remarque : les corps gras sont utilisés au déjeuner et dîner pour la préparation et l'assaisonnement des aliments.

5 À l'aide de l'**annexe 2**, compléter pour certains aliments du **doc. 8** les rations recommandées pour Marie.

6 • Indiquer dans le tableau la fréquence de consommation des groupes d'aliments par Marie.

Groupes d'aliments	Fréquence de consommation
Viandes – Poissons – Œufs	....
Produits laitiers	....
Féculents – Céréales	....
Fruits – Légumes	....
Corps gras	....
Produits sucrés	....

• À partir du **doc. 7** (p. 22), en déduire si ces fréquences sont satisfaisantes.

....

Mémoriser l'essentiel

Équilibre des repas
- Tous les groupes d'aliments sont représentés au moins une fois.
- Suivre les conseils du PNNS qui propose des repères de consommation sur la fréquence journalière des différents groupes d'aliments.

- **Féculents, céréales :** à chaque repas
- **Fruits, légumes :** au moins 5 par jour
- **Produits laitiers :** à chaque repas (3 fois par jour)
- **Viande Poisson Œuf :** 1 à 2 fois par jour
- **Corps gras :** limiter la consommation
- **Produits sucrés :** limiter la consommation
- **Boissons :** de l'eau à volonté

Constitution d'un repas équilibré
Les erreurs du 1er repas de la journée doivent être corrigées lors du 2e repas.

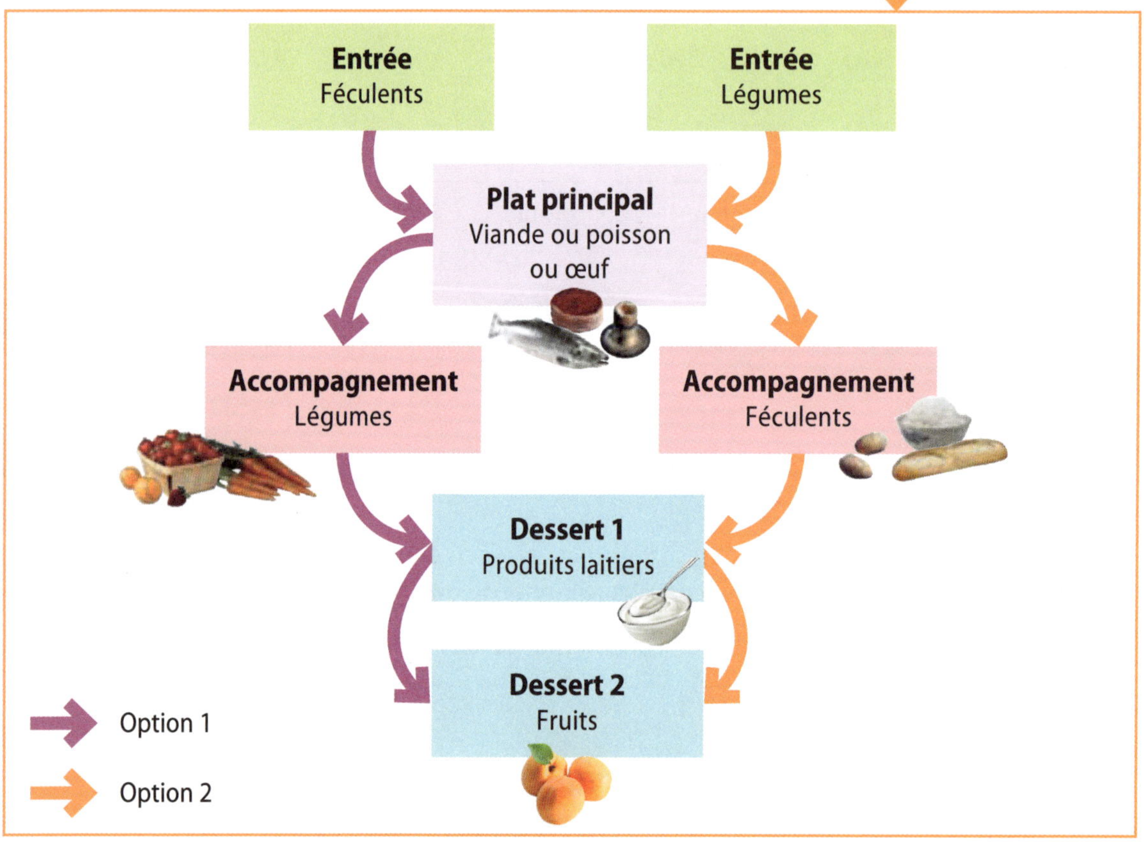

Récapituler et retenir

Synthèse à compléter

lienmini.fr/nut465-07

Vérifier ses acquis

QCM

lienmini.fr/nut465-08

Aller plus loin

Site internet

lienmini.fr/nut465-09

PARTIE 2

Alimentation du jeune enfant

Situation professionnelle

La ville dans laquelle vous habitez propose une structure multiaccueil, gérée par la mairie, qui accueille des enfants âgés de 2 mois et demi à 3 ans.
Dans cette structure, vous intervenez pour le service des repas et l'aide à la prise alimentaire. Vous constatez que les enfants, en fonction de leur âge, n'ont pas la même alimentation. Une attention particulière est apportée à certains enfants qui présentent des allergies alimentaires.

Connaissances abordées

- BEP ○ **1.1** Constituants alimentaires : calcium, protides, vitamines et minéraux
- BEP ⌂ ○ **1.3** Modifications physico-chimiques des protides
- ○ **2.1** Besoins et apports nutritionnels recommandés pour le jeune enfant
- ○ **2.2** Alimentation du nourrisson, de l'enfant
- ⌂ ○ **2.4** Équilibre alimentaire chez l'enfant
- ○ **3.2** Allergies alimentaires
- ○ **3.3** Intolérance au gluten

Info+

Évolution de l'appareil digestif chez l'enfant

Âge	Appareil digestif	Alimentation
24 mois	• L'enfant a environ 20 dents. • La flore intestinale est proche de celle de l'adulte.	→ Aliments présentés sous forme de morceaux. → Digestion possible des légumes secs en purée.
10-18 mois	• Apparition des premières molaires.	→ Aliments présentés sous forme de petits morceaux.
8-10 mois	• L'enfant est capable de mastiquer à la suite de l'apparition des premières incisives latérales. • Sécrétion des protéases.	→ Aliments présentés moulinés. → Digestion possible des protéines.
6 mois	• Apparition des premières dents. L'enfant peut envoyer les aliments de l'entrée de la bouche vers le fond au moyen de la langue. • Le lait ne couvre plus les besoins énergétiques, qui augmentent.	→ L'alimentation peut être plus épaisse. → Début de la diversification alimentaire : introduction d'aliments autres que le lait.
3-4 mois	• Sécrétion en quantité suffisante de l'amylase.	→ Digestion possible de l'amidon.
0-6 mois	• Absence de dent. • Estomac petit, œsophage court. • Reins immatures. • Système digestif immature.	→ Alimentation exclusivement liquide. → Repas en petites quantités fractionnés sur la journée. → Alimentation pauvre en minéraux. → Alimentation pauvre en protéines.

SÉQUENCE 4

Alimentation lactée

Objectifs

- Indiquer la ration lactée à répartir sur la journée en fonction de l'âge.
- Citer les caractéristiques nutritionnelles des différents types de laits.
- Justifier leur choix en fonction des besoins et des possibilités digestives de l'enfant.

ACTIVITÉ 1 Rations lactées et répartition journalière

DOC. 1

Ration lactée journalière

Pendant les premiers mois de la vie, l'alimentation du nourrisson est exclusivement lactée. La première inquiétude des jeunes parents est de connaître la quantité de lait que doit boire le nourrisson. Lorsque celui-ci est nourri au sein, la mère donne à la demande, il est donc difficile de connaître la quantité de lait qu'a bu l'enfant sur la journée, c'est-à-dire sa ration lactée journalière.

Cela devient plus facile lorsque l'enfant est nourri au biberon puisque ce sont les parents qui reconstituent le lait artificiel. La ration lactée journalière varie selon l'âge et le poids de l'enfant, principalement, mais il faudra tenir compte également de son appétit et de sa soif.

1 Rechercher dans le doc. 1 la définition de « ration lactée journalière » et la recopier.

....

2 Nommer les deux principaux facteurs dont dépend la ration lactée journalière.

• .... • ....

DOC. 2

Ration lactée journalière au cours des premiers mois

Même si les biberons sont donnés à la demande, il a été constaté ce qui suit : le 1er jour de sa vie, le nouveau-né prendra environ 6 tétées de 20 mL, soit une ration lactée de 120 mL/jour.

Il est nécessaire d'augmenter les tétées de 10 mL par jour jusqu'à la fin de sa 1re semaine.

Du 7e jour à environ 5 mois (6 kg), la ration journalière est calculée selon la règle d'Appert :

Ration lactée journalière (mL/jour) :

$$\frac{\text{masse de l'enfant (g)}}{10} + 250 \text{ mL}$$

Pendant cette période, le nombre de tétées par jour diminue, mais les tétées augmentent en volume.

Après ses 5 mois, il est préconisé de donner environ 4 biberons de 210 mL par jour.

3 À partir de ses connaissances, et si besoin d'Info+, citer les raisons physiologiques justifiant les 6 tétées quotidiennes du nouveau-né et leur faible volume comme présenté dans le doc. 2.

....

....

DOC. 3

Évolution du poids de Julien et de sa ration lactée

Julien est né à terme et pesait 3,1 kg. Sa mère n'a pas souhaité l'allaiter.

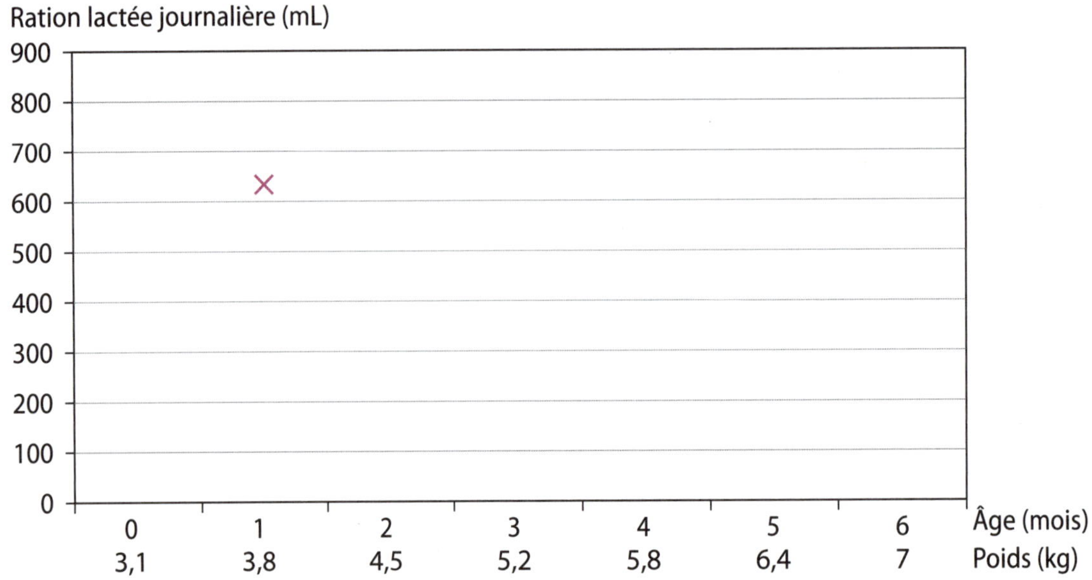

4 À partir des **docs. 2** (p. 27) et **3** :

- relever ou calculer, quand cela est nécessaire, la ration lactée journalière de Julien aux différents âges ;
- reporter les résultats sur le graphique du **doc. 3** à l'aide de croix puis tracer la courbe.

Exemple : ration lactée à **1 mois** : 3 800/10 + 250 = **630 mL**.

- Naissance : ....
- 2 mois : ....
- 3 mois : ....
- 4 mois : ....
- 5 mois : ....
- 6 mois : ....

5 Conclure sur l'évolution de la ration lactée journalière de Julien entre 0 et 4 mois.

....

6 À partir de ses connaissances (**partie 1** et SMS), citer les raisons du développement corporel qui justifient l'évolution de cette ration.

....

....

7 À partir de ses connaissances, et si besoin d'**Info+**, expliquer l'arrêt de la croissance de la ration lactée à 5-6 mois.

....

....

DOC. 8

Rôle des laits spéciaux en fonction des troubles

Troubles digestifs	Symptôme	Modifications observées dans la composition du lait	Objectif
Selles molles			
Régurgitation			
Constipation			

1 À partir du **doc. 7** (p. 30) et du site **www.laits.fr**, compléter le **doc. 8** :
- décrire les symptômes des troubles digestifs ;
- rechercher la (ou les) modification(s) de la composition du lait adapté au trouble ;
- citer l'objectif à atteindre.

2 Préciser les symptômes pour lesquels des laits thérapeutiques sont prescrits en les soulignant dans le **doc. 7** (p. 30).

DOC. 9

En cas de diarrhée aiguë

Chez les nourrissons, de 0 à 6 mois, les besoins hydriques sont normalement couverts par l'allaitement maternel ou les préparations infantiles. Lors de fortes chaleurs, de la survenue de fièvre ou de diarrhées aiguës, les besoins hydriques sont accrus.

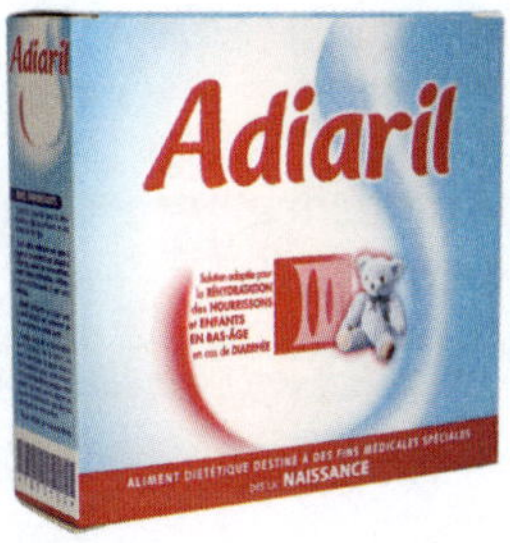

Dans le cas d'une diarrhée aiguë, il y a perte d'eau et d'électrolytes (sels minéraux), qu'il faut compenser pour éviter une déshydratation. Le lait sera remplacé, temporairement, par une solution de réhydratation orale, qui apporte l'eau et les sels minéraux que l'enfant a perdus. Après 6 h de réhydratation, le lait peut être de nouveau réintroduit. Dans ce cas, il sera préférable de choisir un lait sans lactose adapté à la diarrhée.

ADIARIL® – © ABC Phamacare.

Après lecture du **doc. 9** :

3 Préciser les différents cas pour lesquels le besoin hydrique du nourrisson peut être accru.

....

4 Dans le cas d'une diarrhée aiguë, nommer le produit qui peut remplacer le lait ainsi que son rôle.

....

5 Nommer le type de lait pouvant être réintroduit après le début de la réhydratation.

....

Mémoriser l'essentiel

Alimentation lactée

Lait maternel

- Recommandée par l'OMS
- Composition nutritionnelle adaptée aux besoins du nourrisson et qui évolue au cours de la tétée et de la journée
- Riche en anticorps
- Permet le début de l'éducation alimentaire
- Disponible rapidement, toujours à bonne température

Laits infantiles

Si la mère ne souhaite pas ou ne peut pas allaiter

- **Préparation pour nourrisson :** de la naissance à 5 mois
- **Préparation de suite :** à partir de 6 mois

→ Fabrication : base de lait de vache, ajout de glucides et d'acides gras essentiels et retrait de protéines et minéraux
→ La composition nutritionnelle évolue entre les deux laits, elle est adaptée aux besoins énergétiques et nutritionnels de l'enfant qui augmentent avec l'âge

Laits adaptés et thérapeutiques

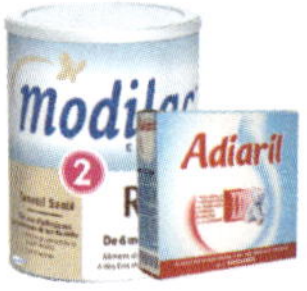

Pour des troubles bénins de la digestion

- Selles molles : lait qui ralentit le transit
- Selles dures : lait qui accélère le transit
- Régurgitations : lait épaissi

Sur prescription médicale

- Allergie aux protéines de lait de vache
- Diarrhée sévère, etc.

Ration lactée

Ration lactée : quantité de lait bu dans la journée par le nourrisson en fonction du poids, de l'âge et de l'appétit

- 1re semaine à 5 mois (6 kg) :
$$\frac{\text{masse de l'enfant (g)} + 250 \text{ mL}}{10}$$
- Après 5 mois : 4 biberons de 210 mL/jour

→ Au début, petites quantités et prises fréquentes, puis espacement des prises et quantités plus volumineuses

Vers 6 mois, début de la diversification alimentaire

Récapituler et retenir
Synthèse à compléter
lienmini.fr/nut465-10

Vérifier ses acquis
QCM
lienmini.fr/nut465-11

Aller plus loin
Site internet
lienmini.fr/nut465-12

PARTIE 2

SÉQUENCE 5

Alimentation du jeune enfant

Constituants alimentaires et modifications physico-chimiques (1)

Objectifs

- Indiquer la nature et les rôles majeurs des protides, minéraux et vitamines.
- Indiquer les modifications physico-chimiques des protides intervenant lors de la réalisation de préparations culinaires.

ACTIVITÉ 1 Les protides : rôles et composition

DOC. 1 Les rôles des protides dans l'organisme

PROTIDES	Une protéine telle que le collagène est essentielle à la formation du tissu conjonctif. La kératine est un élément de structure de la peau. L'actine et la myosine sont des protéines qui permettent la contraction musculaire.	→	....
	Certaines protéines telles que l'insuline régulent la quantité de glucose dans le sang. D'autres comme les anticorps protègent l'organisme contre les infections. Enfin, des protéines telles que les enzymes sont des biocatalyseurs : elles participent au bon fonctionnement des réactions chimiques dans l'organisme.	→	....
	À long terme, les protéines peuvent être utilisées comme constituants énergétiques. 1 g de protides fournit 17 kJ.	→	....

1. Replacer sur le **doc. 1**, en face de chaque description, les rôles des protides correspondant :

Énergétique / Fonctionnel / Constructeur

DOC. 2 Composition d'une protéine

Une protéine est une macromolécule composée d'au moins 100 acides aminés reliés entre eux par des liaisons peptidiques.
Les peptides sont formés par au moins 2 acides aminés et au plus 100.
L'acide aminé est le plus petit élément, c'est un nutriment. Il existe 20 acides aminés différents.

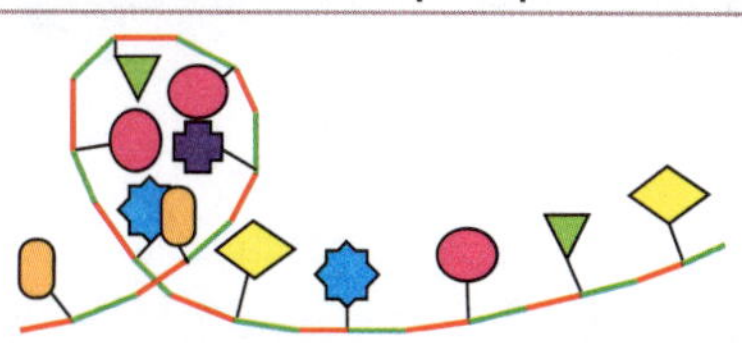	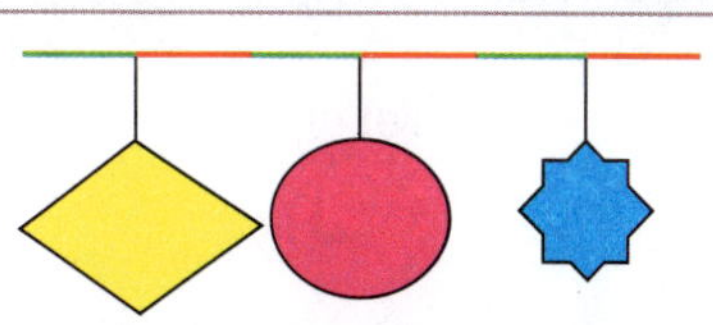	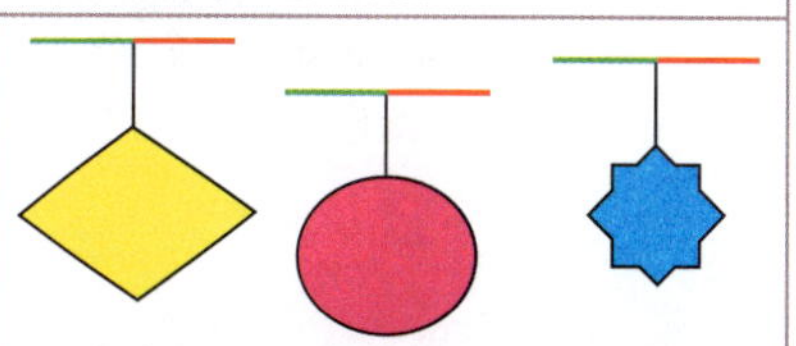
1	2	3
....	....	....

2. Sur le **doc. 2**, replacer le nom des molécules suivantes :

Acide aminé / Protéine / Peptide

ACTIVITÉ 2 Les sources en protéines

DOC. 3

Où se trouvent les protéines de « bonne » qualité ?

La qualité nutritionnelle d'une protéine se détermine, entre autres, par le nombre d'**acides aminés essentiels** qu'elle contient. Les acides aminés essentiels sont des acides aminés qui doivent être obligatoirement apportés par l'alimentation, car notre organisme ne sait pas les synthétiser.

Lorsqu'une protéine contient une grande quantité d'acides aminés essentiels, elle est dite d'une « grande **valeur biologique** » alors que sa valeur est faible si elle en contient peu.

Les protéines à grande valeur biologique sont apportées par la viande, la volaille, le poisson, les œufs, le lait, le fromage et les yaourts.

Les protéines à petite valeur biologique sont présentes dans les légumes, les céréales, les noix, les graines de légumineuse (lentilles, fèves, pois...).

Il est intéressant de combiner plusieurs sources de protéines animales et végétales pendant les repas afin d'assurer un apport suffisant en acides aminés essentiels : c'est la **complémentarité**.

Comparaison de quelques sources protéiques	Aliment	Valeur biologique des protéines
L'aliment le plus complet sur l'apport en acides aminés essentiels est l'œuf avec une valeur biologique égale à 100. À l'inverse, le groupe « Fruits et légumes » présente peu de protéines de bonne qualité.	Œuf	100
	Crustacé	81
	Poisson	76
	Bœuf, poulet	75
	Fromage	75
	Seigle	75
	Riz	73
	Pomme de terre	73
	Haricot blanc	58
	Fève	55

1. Souligner dans le **doc. 3** la définition des acides aminés essentiels.

2. Donner la définition d'une protéine de grande valeur biologique (ou de bonne qualité).

....

3. À l'aide du **doc. 3**, cocher le plat contenant le plus de protéines de bonne qualité.

Crevette et salade verte	Poulet et fèves	Poulet et riz
❑	❑	❑

4. Préciser l'intérêt de proposer au cours d'un repas une viande associée à des légumes et des céréales.

....

....

ACTIVITÉ 4 Les vitamines et les minéraux

DOC. 8

Elles donnent la pêche !

Les vitamines sont impliquées dans le fonctionnement et l'entretien du corps : transformation et utilisation des macronutriments, vision, coagulation du sang, systèmes musculaire, nerveux et immunitaire, fabrication de l'ADN, etc. Puisque notre corps ne sait pas les fabriquer (hormis les vitamines D et K), elles doivent donc être apportées par une alimentation équilibrée.

On compte 13 vitamines classées en deux catégories :

– les vitamines liposolubles (qui peuvent se dissoudre dans les graisses) : A, D, E, K ;
– les vitamines hydrosolubles (qui peuvent se dissoudre dans l'eau) des groupes B (B1 à B12) et C.

La majorité des vitamines hydrosolubles se retrouve dans les aliments riches en eau donc du groupe « Fruits et légumes » alors que les liposolubles sont présentes dans les aliments gras, c'est-à-dire les groupes « Viandes – poissons – œufs », « Corps gras » et « Produits laitiers ».

1 À partir du **doc. 8** et de ses connaissances, cocher le rôle des vitamines.

❑	Constructeur	❑	Fonctionnel	❑	Énergétique

2 Préciser les deux catégories de vitamines et leurs spécificités.

• ....

• ....

DOC. 9

Les matières minérales dans l'organisme

Selon la masse qu'ils représentent dans l'organisme, les minéraux sont classés en **macroéléments** (1 kg pour le calcium et le phosphore) ou **oligoéléments** (quelques grammes pour le fer, le zinc, le fluor et moins de 1 mg pour le chrome, l'iode et le cobalt).

Les minéraux représentent environ 4 % du poids corporel. Ils interviennent dans diverses fonctions : minéralisation (construction du squelette et des dents), contrôle de l'équilibre en eau, systèmes enzymatique et hormonal, systèmes musculaire, nerveux et immunitaire. Par exemple, il n'y a pas de fabrication d'hormone thyroïdienne sans iode, pas de fabrication d'hémoglobine sans fer et pas de contraction musculaire sans calcium, potassium et magnésium. La plupart des éléments minéraux exercent des rôles multiples.

3 À partir du **doc. 9** et de ses connaissances, cocher le (ou les) rôle(s) des éléments minéraux.

❑	Constructeur	❑	Fonctionnel	❑	Énergétique

4 Nommer les deux catégories de minéraux en donnant deux exemples pour chacun.

• .... Exemples : ....

• .... Exemples : ....

ACTIVITÉ 5 Rôles et sources des vitamines et minéraux

À partir des **docs. 8** et **9** (p. 37) et des **annexes 4**, **5** et **6** :

1. Souligner dans le **doc. 10** en bleu, les vitamines liposolubles ; en rouge, les oligoéléments.

2. Rechercher des aliments sources pour certaines vitamines et certains minéraux du **doc. 10** et les reporter dans la colonne « Sources alimentaires ».

3. À partir du **doc. 10**, rechercher :

- la vitamine impliquée dans :
  - la lutte contre la fatigue : .... ;
  - la croissance osseuse : .... ;
  - la protection du système nerveux : .... ;
  - la capacité à absorber le gras : ....
- l'élément minéral impliqué dans :
  - la formation des os : .... ;
  - la formation des protéines : .... ;
  - la lutte contre l'anémie : .... ;
  - la synthèse d'hormones thyroïdiennes : ....

DOC 10

Quelques vitamines et minéraux

Vitamines		
Nom et fonction	**Signes d'une carence**	**Sources alimentaires**
A Croissance, vision nocturne	Problèmes de peau Mauvaise vision nocturne	Huile de foie de morue, foie Thon Beurre
D Croissance osseuse	Déformation squelettique	....
E Protection contre les radicaux libres	Incapacité à absorber le gras	Huiles de tournesol, de colza Noisettes
K Coagulation du sang	Saignement excessif	Légumes verts Œuf
C Lutte contre les infections, la fatigue	Scorbut Cicatrisation lente Articulation gonflée	....
B Systèmes nerveux, cardiaque, cellulaire	**B1** : perte d'appétit **B2** : dépression **B6** : anémie, risque de cancer	Germe de blé Abats, viande Fruit Jaune d'œuf

Minéraux		
Nom et fonction	**Signes d'une carence**	**Sources alimentaires**
Calcium Formation des dents et des os	Fragilisation des os Problèmes du système nerveux	Lait Fromage Légumes secs
Fer Formation des cellules sanguines	Anémie Fatigue	....
Zinc Synthèse des protéines	Inflammation de la peau Perte des cheveux	Produits de la mer Foie Céréales
Iode Synthèse des hormones thyroïdiennes	Goitre	Produits de la mer Sel

Extrait de la composition de céréales

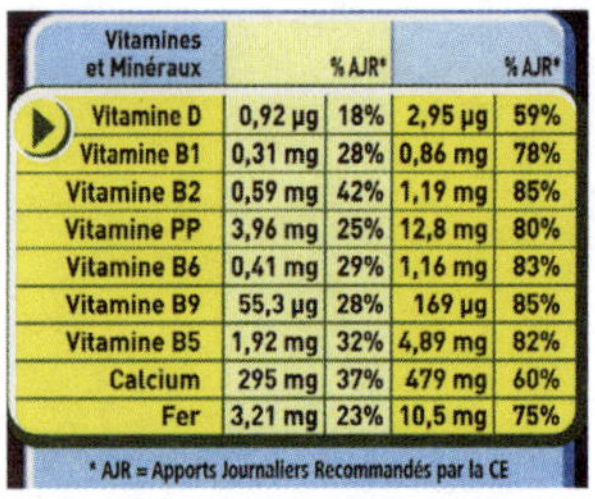

Vitamines et Minéraux		% AJR*		% AJR*
Vitamine D	0,92 µg	18%	2,95 µg	59%
Vitamine B1	0,31 mg	28%	0,86 mg	78%
Vitamine B2	0,59 mg	42%	1,19 mg	85%
Vitamine PP	3,96 mg	25%	12,8 mg	80%
Vitamine B6	0,41 mg	29%	1,16 mg	83%
Vitamine B9	55,3 µg	28%	169 µg	85%
Vitamine B5	1,92 mg	32%	4,89 mg	82%
Calcium	295 mg	37%	479 mg	60%
Fer	3,21 mg	23%	10,5 mg	75%

* AJR = Apports Journaliers Recommandés par la CE

ACTIVITÉ 6 Le calcium : un élément minéral important

DOC. 11

Le calcium n'est pas que dans les produits laitiers !

Le calcium est connu pour son rôle primordial dans la construction du squelette et des dents. Une **carence** en calcium peut provoquer l'**ostéoporose** : fragilisation des os.
Il permet également la sécrétion d'un certain nombre d'hormones, participe à la contraction musculaire et aussi à l'hémostase (arrêt des saignements).
Le calcium est apporté principalement par le groupe « Produits laitiers ».
Comment les personnes allergiques au lait de vache ou n'aimant pas les produits laitiers peuvent-elles couvrir leur besoin calcique ? L'analyse de la composition des aliments montre que les céréales, certaines eaux et certains fruits en apportent une quantité non négligeable.

10 fruits riches en calcium
Quantité en mg pour 100 g de fruit

Figue sèche : 167	Pruneau : 49
Abricot sec : 61	Datte : 45
Cassis : 57	Mûre : 28
Orange : 29	Rhubarbe : 129
Figue de Barbarie : 118	Kiwi : 27

Après lecture du **doc. 11** :

1. Citer les quatre rôles du calcium.

• .... • ....
• .... • ....

2. Citer les aliments sources de calcium autres que les produits laitiers.

• .... • .... • ....

3. Repérer, parmi la liste proposée, les trois fruits les plus riches en calcium.

• .... • .... • ....

4. Souligner dans le **doc. 11** les personnes pouvant être intéressées par ces dernières informations.

DOC. 12

ANC en calcium (mg) par jour selon l'âge

Enfant				Adolescent	Homme Femme	Femme enceinte ou allaitante	Personne âgée
1-3 ans	4-6 ans	7-9 ans	10-12 ans				
500	700	900	1 200	1 450-1 500	900	1 000	1 200

Le vieillissement s'accompagne d'une perte osseuse due au ralentissement des sécrétions des hormones responsables de son absorption : le besoin calcique des personnes âgées augmente.

5. À partir du **doc. 12** et de ses connaissances, citer les quatre facteurs pouvant faire varier le besoin calcique puis les justifier.

• ....
• ....
• ....
• ....

Mémoriser l'essentiel

Protides

Classification
- **Protéine** : constituée d'au moins une centaine d'acides aminés
- **Peptide** : formé d'au moins deux acides aminés
- **Acide aminé** : nutriment (il en existe 20)
- Un **acide aminé essentiel** doit être apporté par l'alimentation.

Lorsqu'une protéine en apporte beaucoup, elle est dite de bonne qualité

Sources
- **Origine animale :**
  – groupe Viande Poisson Œuf (VPO), apport de protéines de bonne qualité
  – groupe laits et produits laitiers
- **Origine végétale :** céréales, légumineuses

Rôles
- **Constructeur :** formation des cellules, tissus, cheveux
- **Fonctionnel :**
  – les enzymes facilitent les réactions chimiques dans l'organisme
  – les hormones sont des messagers
  – l'actine et la myosine permettent la contraction musculaire, etc.
- **Énergétique :** à très long terme, 1 g de protide libère 17 kJ

Vitamines

Catégorie	Sources
Vitamines hydrosolubles C, B1 à B12	Fruits et légumes
Vitamines liposolubles ADEK	Huile, produits laitiers, céréales, VOP

Rôle fonctionnel
Chaque vitamine présente plusieurs rôles :
- lutte contre la fatigue (vitamine C)
- protection du système nerveux (vitamine B)
- croissance osseuse (vitamine D), etc.

Minéraux

Catégories	Sources
• **Macroéléments :** calcium, phosphore, etc.	Produits laitiers, eaux
• **Oligoéléments :** fer, zinc, etc.	Céréales, VOP

Rôles
Chaque minéral présente un ou plusieurs rôles :
- **Constructeur :** construction du squelette et des dents (calcium), etc.
- **Fonctionnel :**
  – contraction musculaire (calcium)
  – transports des gaz respiratoires (fer)
  – synthèse des protéines (zinc), etc.

Récapituler et retenir

Synthèse à compléter

lienmini.fr/nut465-13

Vérifier ses acquis

QCM

lienmini.fr/nut465-14

Aller plus loin

Site internet

lienmini.fr/nut465-15

PARTIE 3

Alimentation de l'adolescent

Situation professionnelle

La clinique « Les princes » est une clinique spécialisée dans la prise en charge du surpoids, de l'obésité, des troubles de la nutrition, des comportements alimentaires et des maladies métaboliques. Elle dispose d'une trentaine de lits de courts séjours. Elle accueille notamment des adolescents pour le traitement et l'éducation thérapeutique des troubles comme l'anorexie ou la boulimie.
Vous intervenez pour la distribution et le service des repas en salle.

Connaissances abordées

- BEP ○ **1.1** Constituants alimentaires : glucides et lipides
- BEP ○ **1.3** Modifications physico-chimiques des glucides et des lipides
- ○ **2.3** Alimentation des adolescents
- ○ **3.1** Différents régimes prescrits
- ○ **4.2** Éducation alimentaire : surpoids et obésité
- ○ **4.3** Troubles de l'alimentation : anorexie et boulimie

Info+

Adolescence et conséquences sur l'alimentation

L'adolescence est une période de croissance rapide : en cinq ans, l'adolescent acquiert 15 % de sa taille d'adulte et 45 % de sa masse squelettique. Les jeunes doivent faire face à un corps qui change avec la puberté. Le regard qu'ils posent alors sur ce corps est remis en cause, voire totalement bouleversé. À cet âge, le poids constitue une composante centrale et l'alimentation une préoccupation pour beaucoup.

- Développement de la masse osseuse. → Augmentation des besoins en calcium, vitamine D et phosphore.
- Augmentation de la masse maigre (muscles, os, viscères). → Augmentation des besoins en fer et protéines.
- Augmentation du volume sanguin, croissance des tissus et doublement du volume des organes. → Augmentation des besoins énergétiques. → Augmentation de l'appétit, en particulier chez les garçons.
- Changements hormonaux, apparition des menstruations chez les filles. → Augmentation des besoins en fer.
- Modification du corps : augmentation du gras corporel chez les filles (localisé sur les hanches et les cuisses), augmentation des muscles chez les garçons, bras et jambes grandissent plus vite que le reste du corps. → Modification de la perception de l'image de soi. Parfois, obsession d'une minceur idéalisée, apparition des problèmes d'anorexie ou de boulimie.

Les recommandations nutritionnelles

Manger de tout en quantité raisonnable. Faire 3 ou 4 repas par jour et éviter le grignotage.

Ne pas oublier le petit déjeuner.

Matières grasses et produits sucrés : limiter la consommation.

Pain, céréales, pommes de terre : à chaque repas et selon l'appétit.
Viandes, poissons, œufs : 1 à 2 fois par jour.
Fruits et légumes : au moins 5 par jour.
Lait et produits laitiers : 3 à 4 fois par jour.

Bouger tous les jours : au moins l'équivalent d'une demi-heure voire d'une heure de marche rapide chaque jour.

SÉQUENCE 8

Surpoids et obésité

Objectifs

- Différencier surpoids et obésité.
- Proposer des moyens de prévention chez l'adolescent.

ACTIVITÉ 1 Le dépistage du surpoids et de l'obésité

DOC. 1

Surpoids et obésité

Le **surpoids** est défini par l'**OMS** comme une accumulation anormale et excessive de graisse corporelle qui peut nuire à la santé. L'**obésité** est une forme sévère du surpoids.

18 % des enfants de 3 à 17 ans étaient en situation de surpoids ou d'obésité, selon la dernière étude nationale nutrition-santé de 2006. Parmi eux, 3 % des garçons et 4 % des filles étaient considérés comme obèses.

Or, selon différentes études, la probabilité qu'un enfant obèse le reste une fois adulte est comprise entre 20 et 50 % avant la puberté et entre 50 et 60 % après la puberté.

Plusieurs facteurs peuvent expliquer l'obésité :
- des facteurs génétiques ou hormonaux ;
- des facteurs environnementaux et des comportements individuels : accessibilité et consommation en excès d'aliments riches en gras, en sel et sucre, très caloriques et peu nutritifs ;
- un manque d'activité physique et trop de temps passé devant la télévision ou l'ordinateur.

1. Souligner dans le **doc. 1** les définitions du surpoids et de l'obésité.

2. Indiquer à l'aide du **doc. 1** l'importance du dépistage du surpoids et de l'obésité chez l'enfant et l'adolescent.

....

....

....

3. Indiquer d'après le **doc. 1** les facteurs qui conduisent au surpoids.

....

....

....

....

DOC. 2

L'IMC, un outil de dépistage

L'IMC rend compte de la corpulence de l'individu ; il est un des meilleurs critères de diagnostic et de pronostic de l'excès de poids. Il se calcule suivant la formule :

IMC = Poids (kg) / Taille^2 (m)

La valeur obtenue est reportée sur les courbes de corpulence de référence pour permettre de situer la corpulence d'un enfant selon l'âge et le sexe.

4 À partir du **doc. 2** et de la courbe de corpulence, indiquer les deux facteurs autres que l'IMC à prendre en compte pour définir la corpulence d'un enfant ou d'un adolescent.

- ....
- ....

5 • Calculer à partir du **doc. 2** l'IMC d'une jeune fille de 15 ans mesurant 1,60 m et pesant 70 kg.

IMC = ...

• Relier sur la courbe l'IMC trouvé à l'âge de la jeune fille par deux traits en pointillés.

• Conclure : ....

....

Programme National Nutrition Santé

Courbe de corpulence chez les filles de 0 à 18 ans

Références françaises et seuils de l'International Obesity Task Force (IOTF)

Nom: Bari **Prénom:** Aude **Date de naissance:** 04/05/1999

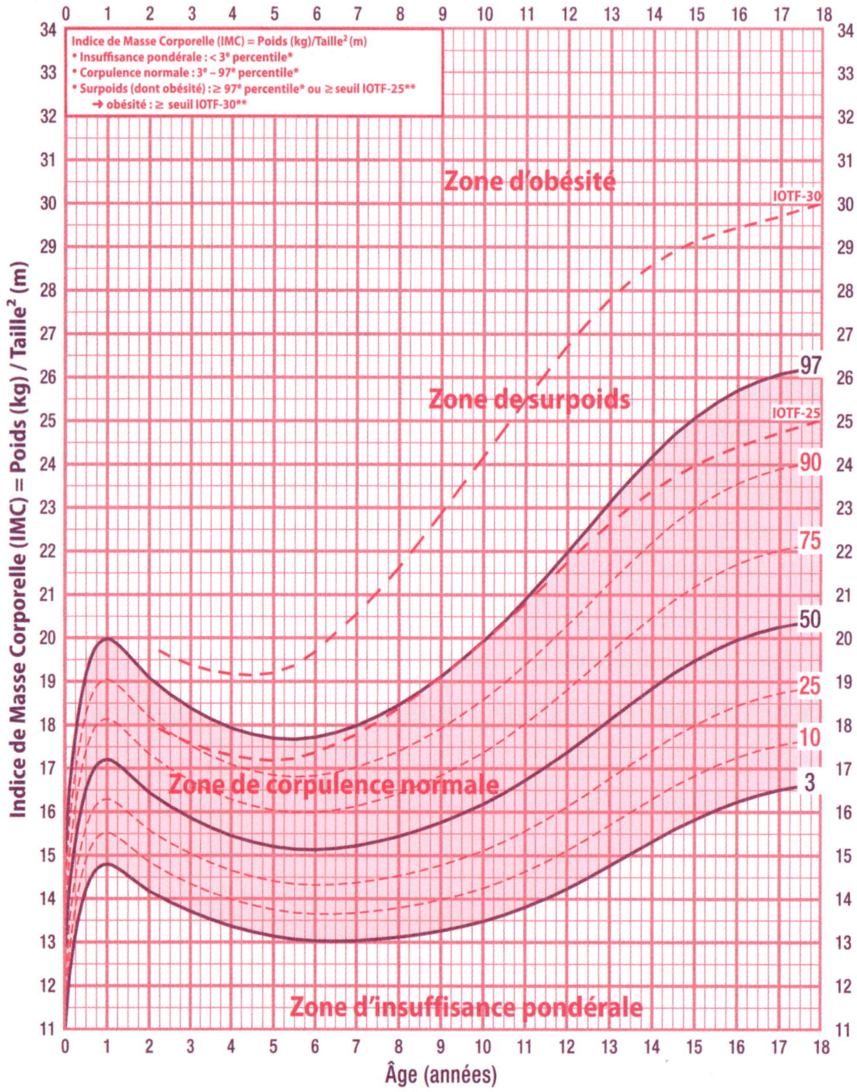

Pour chaque enfant, le poids et la taille doivent être mesurés régulièrement.
L'IMC est calculé et reporté sur la courbe de corpulence.

Courbes de l'IMC diffusées dans le cadre du PNNS à partir des références françaises* issues des données de l'étude séquentielle française de la croissance du Centre International de l'Enfance (Pr Michel Sempé), complétées par les courbes de référence de l'International Obesity Task Force (IOTF)** atteignant les valeurs 25 pour le surpoids (IOTF-25) et 30 pour l'obésité (IOTF-30) à l'âge de 18 ans.

* Références françaises: Rolland Cachera et coll. Eur J Clin Nutr 1991;45:13-21.
** Références internationales (IOTF): Cole et coll. BMJ 2000;320:1240-3.

Liberté • Égalité • Fraternité
République Française
Ministère chargé de la santé

www.inpes.sante.fr
inpes
Institut national de prévention et d'éducation pour la santé

ACTIVITÉ 2 Grignotage et prévention du surpoids

DOC. 3

Cocktail anti-santé « Canap'-TV-ordi-grignotage »

On appelle « grignotage » la prise d'aliments en dehors des repas. Il peut être encouragé par des repas peu consistants, le stress, l'ennui, etc. Le grignotage répond à une sensation de faim qui n'est pas toujours fondée.

Lorsqu'on grignote, l'estomac travaille en permanence et il en prend l'habitude. Déréglé, il ne sait plus bien reconnaître la « vraie » sensation de faim. De plus, on a alors tendance à se jeter sur les distributeurs qui sont souvent remplis avec des aliments qui ne sont pas très intéressants nutritionnellement : pain au chocolat, gâteaux, bonbons, barres chocolatées, etc. [...]

Le souci avec les activités dites « sédentaires » (TV, ordinateur, console...), c'est que d'une part, on ne bouge pas trop, mais en plus, ça s'accompagne souvent de grignotage de produits sucrés ou gras et de consommation de boissons sucrées.

1 Souligner dans le **doc. 3** les raisons du grignotage chez les adolescents.

2 Indiquer d'après le **doc. 3** le type d'aliments consommés lors du grignotage.

....

....

3 Expliquer d'après le **doc. 3** pourquoi le grignotage favorise la prise de poids chez les adolescents.

....

....

....

4 À partir du site **www.mangerbouger.fr** (lienmini.fr/nut465-23), compléter le tableau en proposant des menus adaptés et des conseils pour éviter le surpoids.

Petit déjeuner	....
Collation de l'après-midi (goûter)	....
Au fast-food	....

Mémoriser l'essentiel

Pour définir la corpulence d'un individu
On calcule l'**I**ndice de **M**asse **C**orporelle

$$IMC = \frac{\text{poids (kg)}}{\text{taille}^2\text{ (m)}}$$

Pour définir la corpulence d'un enfant
On utilise des courbes de références qui prennent en compte l'âge et le sexe de l'enfant.
On calcule l'IMC de l'enfant et on reporte cette valeur sur la courbe de référence ce qui permet de situer la corpulence de l'enfant.

Surpoids
Excès de graisse corporelle qui peut nuire à la santé

Obésité
Forme sévère du surpoids

Causes du surpoids de l'enfant et de l'adolescent
- Facteurs génétiques ou hormonaux
- Habitudes alimentaires et grignotage
- Manque d'activité physique et activités sédentaires

Que faire ?

Mesures de prévention
- Détecter le plutôt possible un surpoids chez l'enfant ou l'adolescent
- Prendre à heures régulières 3 ou 4 repas par jour en évitant le grignotage
- Ne pas oublier le petit déjeuner (produit céréalier, fruit, produit laitier et boissons)
- Pratiquer une activité physique et régulière (30 min par jour minimum)

Récapituler et retenir
Synthèse à compléter
lienmini.fr/nut465-24

Vérifier ses acquis
QCM
lienmini.fr/nut465-25

Aller plus loin
Site internet
lienmini.fr/nut465-26

SÉQUENCE 10

Régimes hypoglucidique et hypolipidique

Objectifs

- Énoncer les conséquences d'une alimentation hyperglucidique.
- Caractériser et justifier les régimes prescrits (hypoglucidique et hypolipidique).
- Justifier l'adaptation des menus à un régime prescrit.

ACTIVITÉ 1 Le sucre et le régime hypoglucidique

DOC. 1

Pourquoi limiter sa consommation en produits sucrés ?

Le sucre apporte des calories et aucun élément favorable à la santé. Consommé en grande quantité, il peut entraîner, à long terme, des maladies comme le diabète et participe à la prise de poids. Le sucre est aussi responsable des caries dentaires.

1. Souligner dans le **doc. 1** les conséquences d'une consommation riche en glucides simples.
2. Retrouver dans l'**annexe 2** la quantité de sucre à consommer par jour pour un adolescent.

....

DOC. 2

Comment éviter de manger trop sucré ?

Limiter sa consommation de boissons sucrées (sodas, boissons aux fruits, eaux aromatisées, boissons énergisantes...) qui peuvent apporter beaucoup de calories (jusqu'à l'équivalent de 6 à 8 morceaux de sucre pour un verre).

Préférer les versions « zéro calorie » des sodas ; il n'est en revanche pas conseillé de les consommer à volonté, car elles entretiennent l'envie de consommer des produits sucrés.

En fin de repas, limiter la consommation de crèmes desserts, yaourts aromatisés aux fruits, souvent riches en sucres, ainsi que les pâtisseries et les biscuits. Privilégier les fruits ou les produits laitiers nature.

Attention au grignotage devant la télévision ou l'ordinateur, qui peuvent amener à consommer sans s'en apercevoir des quantités importantes de produits le plus souvent sucrés et gras.

3. À partir de l'**annexe 3** et du **doc. 2**, calculer la quantité de sucre contenue dans un verre de soda et la comparer à l'apport journalier de l'adolescent.

....

....

4. À partir du **doc. 2** et de ses connaissances, donner des conseils à un adolescent pour limiter ses apports en sucre.

....

....

....

DOC. 3

Caractéristiques d'un régime hypoglucidique

Un régime alimentaire est une adaptation de l'alimentation et non une restriction stricte d'un constituant alimentaire.

Une certaine quantité de glucides est indispensable au fonctionnement de l'organisme, il n'existe donc pas de régime « sans sucre » au sens propre. Le régime hypoglucidique est adapté en fonction de la pathologie à traiter : surcharge pondérale, obésité, diabète, hypercholestérolémie ou artériosclérose.

L'alimentation est donc étudiée pour diminuer l'apport de certains aliments et en particulier les aliments riches en sucres ou glucides simples.

5 Rappeler le rôle des glucides dans l'organisme.

....

....

6 À partir de ses connaissances, indiquer la définition d'un régime hypoglucidique.

....

....

7 Souligner dans le **doc. 3** les pathologies impliquant un régime hypoglucidique.

8 Indiquer les aliments dont on doit limiter la consommation dans un régime hypoglucidique.

....

DOC. 4

Comprendre les informations nutritionnelles

« Sans sucre » : l'aliment est très peu sucré, il ne contient pas plus de 0,5 g de sucre pour 100 g ou pour 100 mL de produit.

« Allégé » en sucre : contient au minimum 30 % de sucres en moins qu'un produit similaire.

« Sans sucre ajouté » : le produit n'a pas été additionné de sucre mais peut en contenir à l'état naturel.

« Allégé » ou « sans sucre ajouté » ne signifie donc pas qu'il n'y a pas de sucre. Pour bien choisir, essayer, pour des produits similaires, de comparer sur les étiquettes les teneurs en sucre.

« Limitez votre consommation de sucres tout en restant gourmand », © www.inpes.sante.fr – Droits réservés.

9 Un adolescent en surpoids consomme du jus d'orange sans sucre ajouté. Indiquer, à partir du **doc. 4**, les inconvénients de cette consommation.

....

....

ACTIVITÉ 2 Régime hypolipidique et ad ptation des menus

DOC. 5

Caractéristique d'un régime hypolipidique

Un **régime hypolipidique** est un régime qui réduit les apports en acides gras saturés, en cholestérol et en triglycérides. Il est préconisé dans la prévention ou le traitement des **maladies cardiovasculaires** mais aussi en c d'insuffisance biliaire, hépatique ou par éatique. Il consiste à limiter l'apport en ac es gras saturés, à réduire les aliments riches cholestérol, à limiter voire à supprimer la onsommation de produits sucrés et d'alcool.

1 Souligner dans le **doc. 5** la définition d'un régim ypolipidique.

DOC. 6

Adaptation d'un menu

Mme Durand souffre d'obésité et d'un ux de cholestérol anormalement élevé. Son médecin lui prescrit un régime faible en matière sse. Voici le menu proposé à la clinique.

Entrée	☐ Crudités OU ☐ Friand au fr age		
Plat principal	☐ Rôti de et légumes OU ☐ Poiss et légumes		
Dessert	☐ Ya t nature OU ☐ Portion d'emmental ET ☐ Fruits cuits		

2 Cocher ci-dessus le nu proposé par la clinique qui convient le mieux à Mme Durand, en s'aidant des **annexes 4, 5** et **6**, pui stifier ses réponses.

Justifications
→ Entrée : ....
....
→ Plat princ : ....
....
→ Dess ....

3 À partir du site **www.mangerbouger.fr** (lienmini.fr/nut465-30), donner ci-dessous des conseils à Mr urand pour limiter sa consommation de matières grasses.

Pour cuisiner	Pour choisir les aliments
....	....
....	....
....	....
....	....

Mémoriser l'essentiel

Régime hypoglucidique

Pour qui ?

Pour les personnes souffrant de :
- **surcharge pondérale** et **obésité**
- **diabète**
- **hypercholestérolémie** ou **artériosclérose**

Comment ?

- Réduire l'apport en glucides simples en limitant la consommation de boissons et produits sucrés
- Éviter le grignotage et la prise isolée d'aliments riches en glucides simples
- Bien lire les étiquettes pour comparer la teneur en glucides des aliments

Régime hypolipidique

Pour qui ?

- En prévention et traitement des **maladies cardiovasculaires**
- Personnes souffrant **d'insuffisance biliaire et pancréatique**

Comment ?

- Limiter la consommation en acides gras saturés : graisses animales, charcuterie, fromages
- Privilégier les huiles végétales et les poissons gras riches en acides gras insaturés
- Préférer les modes de cuisson sans apport de matières grasses : vapeur, gril ou étuvée
- Limiter, voire supprimer, la consommation de produits sucrés et d'alcool

Récapituler et retenir

Synthèse à compléter

lienmini.fr/nut465-31

Vérifier ses acquis

QCM

lienmini.fr/nut465-32

Aller plus loin

Site internet

lienmini.fr/nut465-33

SÉQUENCE 11

Troubles du comportement alimentaire

Objectifs

- Caractériser les troubles du comportement alimentaire (TCA) : anorexie et boulimie.
- Énumérer les obstacles à l'alimentation.
- Justifier l'intérêt d'une éducation alimentaire pour la prévention des TCA.
- Indiquer les conséquences d'une carence en fer.

ACTIVITÉ 1 L'anorexie mentale

DOC. 1

Ne pas pouvoir ou ne pas vouloir s'alimenter ?

L'**anorexie** est l'absence ou la perte d'appétit. Elle peut avoir une origine physiologique et pathologique. À la suite de la prise d'un traitement, d'une maladie (cancer) ou de troubles digestifs, la personne se retrouve dans l'incapacité de se nourrir.

L'anorexie mentale est une crainte obsessionnelle de prendre du poids et passe par un jeûne volontaire entraînant une **dénutrition**. C'est un trouble qui peut mettre la vie en péril. Plus de 90 % des anorexiques sont des femmes jeunes. Son déclenchement est souvent lié au stress provoqué par un événement tel que la puberté, l'intégration à une nouvelle école, le manque d'indépendance ou bien un climat familial pesant. C'est avant tout un problème psychologique qui en est l'origine.

1. Souligner la définition d'« anorexie » en bleu et d'« anorexie mentale » en rouge dans le **doc. 1**.
2. Citer et expliquer les deux origines de l'anorexie.

• .... • ....

DOC. 2

Reconnaître l'anorexie mentale

Même si ce trouble est complexe, les personnes atteintes d'anorexie mentale ont toutes les chances de guérir, surtout si la maladie est identifiée précocement. Soins médicaux, prise en charge psychologique, assistance nutritionnelle, parfois prise de médicaments et surtout restitution de l'estime de soi peuvent permettre un retour à un poids et à un comportement alimentaire normaux.

Quels sont les signes ?
- Mensonge sur son alimentation ;
- Refus de manger devant les autres ;
- Obsession de son poids ;
- Isolement social ;
- Faiblesse extrême ;
- Arrêt des menstruations pour les filles ;
- Ongles ou cheveux cassants, peau sèche, sensation de froid.

3. À partir du **doc. 2**, citer deux signes comportementaux et physiologiques d'une personne anorexique.

Comportementaux		Physiologiques	
•	•	•	• ....

ACTIVITÉ 2 De la boulimie à l'anorexie

DOC. 3

Relation boulimie-anorexie

La **boulimie** se manifeste par la consommation d'une grande quantité de nourriture, puis par son élimination par vomissement ou par absorption de **laxatifs** ou **diurétiques**. Ce « gavage et lavage » passe souvent inaperçu, car les boulimiques se comportent normalement à table, gardant secret leur problème. Ils sont conscients que leur comportement est anormal et en ont honte. La cause de ce trouble alimentaire est plurifactorielle, souvent d'origine psychologique.

Parmi les signes révélateurs de la boulimie, on observe souvent une érosion de l'émail dentaire (provoquée par l'acidité des vomissements), un visage bouffi (du fait du gonflement des glandes salivaires) ou l'abrasion des doigts consécutive au déclenchement des vomissements.

Boulimie et anorexie sont deux syndromes différents mais pas si éloignés que ça car 50 % des anorexiques développent des épisodes boulimiques ; 20 à 36 % des boulimiques ont des antécédents d'anorexie mentale.

Une des conséquences de ces maladies est un apport insuffisant en nutriments. Elles conduisent également à un isolement, un état dépressif qui peut conduire au suicide.

Pour ces deux **TCA**, il importe de faire de la prévention et de changer la perception de l'alimentation des personnes concernées. L'aliment ne doit pas être seulement une question de calories et de gras, mais plutôt de valeur nutritive et de fonctions biologiques.

1. À partir du **doc. 3** et de l'**activité 1** (p. 73), citer la différence qui existe entre l'anorexie mentale et la boulimie.

....

....

2. À partir du **doc. 3** et de ses connaissances, préciser les deux points communs de la boulimie et de l'anorexie.

- ....
- ....

3. Relever dans le **doc. 3** puis expliquer les signes révélateurs de la boulimie.

- ....
- ....
- ....

4. Préciser la prévention qu'il est conseillé de mettre en place face à un TCA.

....

....

ACTIVITÉ 3 Un exemple de carence alimentaire : carence en fer

DOC. 4

De l'anorexie à la carence

L'anorexie et toutes les autres formes de restriction alimentaire conduisent à l'apport insuffisant de nutriments. Lorsqu'un nutriment est en quantité insuffisante dans notre organisme (inférieure à nos besoins ou ANC), on parle de « carence alimentaire ».

1 À partir du doc. 4, reformuler la définition de carence alimentaire.

....

DOC. 5

Avez-vous une carence en fer ?

Vous vous sentez constamment fatigué, votre teint est pâle, voilà des symptômes qui peuvent indiquer que votre régime alimentaire manque de fer et que vous souffrez de carence alimentaire. Le fer est indispensable au fonctionnement de notre corps. Il entre dans la synthèse de l'hémoglobine qui fixe l'oxygène sur les globules rouges et donc participe au transport des gaz respiratoires. On le trouve essentiellement dans les viandes rouges, les poissons gras, les abats mais aussi dans certaines graines, fruits secs et légumes verts. L'apport en fer doit être supérieur à nos besoins car seule une faible partie est effectivement absorbée par l'intestin. La carence en fer (anémie) touche essentiellement les femmes et les jeunes filles qui mangent peu de viande, les végétariens qui ne complémentent pas l'absence de viande par d'autres aliments riches en fer.

2 Souligner dans le doc. 5 les symptômes d'une carence en fer.

3 À partir d'info+ et du doc. 5, préciser les raisons expliquant des besoins plus importants en fer pour une adolescente.

....

....

4 Encadrer dans le doc. 5 les aliments riches en fer.

5 D'après ses connaissances, citer un obstacle, autre que psychologique ou physiologique, qui peut conduire à une carence.

....

Mémoriser l'essentiel

La **dénutrition** est le résultat de carence en certains nutriments.
Un exemple : **la carence en fer (anémie) :**

Qui est concerné ?
- Jeunes filles qui mangent peu de viande et qui ont leurs menstruations
- Végétaliens qui ne complémentent pas l'absence de viande

Les symptômes
Fatigue, teint pâle

Rôle du fer
Entre dans la synthèse de l'hémoglobine, le transport des gaz respiratoires

Où le trouver ?
Majoritairement dans les viandes rouges, poissons gras, abats, certaines graines, fruits secs et légumes verts

Troubles du comportement alimentaire (TCA)

Origine : plurifactorielle mais souvent psychologique (mal être)

Anorexie mentale
Crainte obsessionnelle de prendre du poids. C'est un jeûne volontaire qui entraîne une **dénutrition**

Boulimie
Consommation excessive de nourriture puis élimination par vomissement, absorption de laxatif ou de diurétique

Peut conduire à

Signes de l'anorexie
- Perte de l'estime de soi
- Mensonge sur son alimentation
- Refus de manger devant les autres
- Isolement social, état dépressif, suicidaire
- Faiblesse physique
- Arrêt des menstruations pour les filles
- Ongles et cheveux cassants, peau sèche, sensation de froid, etc.

Signes de la boulimie
- Érosion de l'émail dentaire (acidité des vomissements)
- Visage bouffi (gonflement des glandes salivaires)
- Abrasion des doigts (acide gastrique)
- Isolement
- État dépressif, suicidaire

Que faire ?
- Prise en charge psychologique
- Soins médicaux avec prise de traitement (dans certains cas)
- Mise en place d'une éducation alimentaire

Récapituler et retenir
Synthèse à compléter
lienmini.fr/nut465-34

Vérifier ses acquis
Mots croisés
lienmini.fr/nut465-35

Aller plus loin
Site internet
lienmini.fr/nut465-36

PARTIE 4

Alimentation de l'adulte

Situation professionnelle

La clinique « Saint-Ursule » dispose de 80 lits d'hospitalisation. Les patients sont accueillis pour des pathologies diverses. Un service ambulatoire permet à certains patients d'être opérés puis de rentrer chez eux dans la même journée. Dans cette structure, vous intervenez auprès des patients pour le service des repas. Les plateaux-repas distribués sont différents selon la pathologie.

Connaissances abordées

- **2.1** Besoins nutritionnels et apports recommandés de l'adulte
- **2.3** Alimentation des adultes
- **2.4** Équilibre alimentaire
- **3.1** Différents régimes prescrits

Info+

Équilibre d'un repas

Pour bien équilibrer un menu, quatre choix doivent être effectués et l'on doit suivre une obligation : boire 1 à 2 L d'eau par jour.

1er choix

PLAT PRINCIPAL : protidique

Viandes

Poissons

Œufs

+

2e choix

GARNITURE : accompagnement du plat principal

Si

Féculents cuits

Ou

Si

Légumes cuits

+

3e choix

PLAT COMPLÉMENTAIRE : entrée (E) et dessert (D)

E
Légumes crus

D
Fruits cuits

Ou

E
Légumes cuits

D
Fruits crus

E
Féculent

D
Fruits crus

Ou

E
Légumes crus

D
Féculent sucré

+

4e choix

ALIMENT À BASE DE LAIT

Fromage

Yaourt, etc.

SÉQUENCE 12

Maladies cardiovasculaires et régime hyposodé

Objectifs

- Proposer une adaptation qualitative à un régime dans le cas d'une maladie cardiovasculaire.
- Caractériser et justifier le régime hyposodé.
- Justifier l'adaptation des menus à un régime hyposodé.

ACTIVITÉ 1 Maladies cardiovasculaires et alimentation

DOC. 1

Facteurs responsables des maladies cardiovasculaires

Les maladies cardiovasculaires (MCV) sont la première cause de mortalité dans le monde. Elles constituent un ensemble de troubles affectant le cœur et les vaisseaux sanguins.

Les principaux facteurs responsables sont une mauvaise alimentation, un manque d'activité physique, le tabagisme et l'usage excessif de l'alcool.

Les effets d'une mauvaise alimentation, notamment liée à un excès de glucides et de lipides, couplés à un manque d'activité physique peuvent se traduire chez les individus par une hypertension, une hyperglycémie, une élévation du taux de lipides, un surpoids ou une obésité qui sont des facteurs importants de risques de MCV.

Consommé en excès, le sel (chlorure de sodium) est également un des facteurs de risque de ces maladies. Pour réduire les risques de MCV, l'Anses recommande une baisse de 20 % des apports en sel de la population et une réduction progressive de la teneur en sel de certains aliments, notamment des produits transformés de l'industrie agroalimentaire.

1. Souligner dans le doc. 1 les principaux facteurs responsables des MCV.
2. Nommer les constituants alimentaires impliqués dans l'apparition des maladies cardiovasculaires.

DOC. 2

Où trouve-t-on du sel ?

On distingue deux sources :
– le sel visible : celui que vous ajoutez vous-même en cuisinant ou à table. En réalité, il ne représente qu'une faible part (10 à 20 %) du sel que nous consommons. Pour éviter les excès, ayez la main légère en cuisine ou à table et découvrez les autres manières d'accommoder les plats !
– le sel dit « caché » : présent à l'état naturel dans les produits ou ajouté lors de leur fabrication. On en trouve dans beaucoup de produits courants comme le pain, les fromages, les charcuteries, les condiments (moutarde, bouillon, câpres…) ou encore dans les préparations du type plats cuisinés, soupes, jus de légumes, biscuits, viennoiseries, etc. C'est la principale source de sel dans notre alimentation (environ 80 %). Pour en limiter votre consommation, comparez les étiquettes sur les emballages, choisissez les produits les moins salés et diminuez les quantités consommées.

3. Souligner dans le doc. 2 les aliments riches en sel.

ACTIVITÉ 2 Les régimes hyposodés et l'adaptation des menus

DOC. 3

ANC en sodium et régime hyposodé

Le sel est nécessaire au fonctionnement de l'organisme. Les minéraux qu'il contient, le sodium (Na) et le chlorure (Cl), participent à la transmission des signaux nerveux ou encore à la contraction musculaire et à la régulation hormonale.

Les apports conseillés en sel chez des personnes en bonne santé sont de :

- 8 g/jour chez les hommes adultes (soit 3 200 mg de sodium/jour) ;
- 6,5 g/jour chez les femmes adultes et les enfants (soit 2 600 mg de sodium/jour).

Il existe trois types de régimes hyposodés : large, standard et strict.

Large De 1 200 à 2 400 mg de Na/j (de 3 à 6 g de sel/j)	**Standard** De 600 à 1 200 mg de Na/j (de 1,5 à 3 g de sel/j)	**Strict** De 300 à 600 mg de Na/j (de 0,75 à 1,5 g de sel/j)
En cas de pathologies cardiaques (athérosclérose, hypertension artérielle, insuffisance cardiaque…), de pathologies rénales ou hépatiques, ou au cours d'une corticothérapie, des régimes hyposodés peuvent être préconisés.		
En pratique		
• Contrôler ou supprimer le sel de cuisson et d'assaisonnement. • Éviter les produits industriels. • Éviter ou supprimer les aliments riches en sodium.	• Maîtriser les équivalences en sel. • Avoir recours à un sel hyposodé (selon prescription). • Éviter les boissons fortement minéralisées (Badoit®, Vichy®, Quézac®…).	

1. Souligner dans le doc. 3 le rôle du sel dans l'organisme.
2. Encadrer dans le doc. 3 les ANC en sodium pour des personnes en bonne santé.
3. Préciser les pathologies pour lesquelles un régime hyposodé peut être conseillé.

....

DOC. 4

Menu d'une clinique

M. Denis présente une insuffisance cardiaque sévère pour laquelle il est actuellement hospitalisé. Son médecin lui a prescrit un régime hyposodé standard, mais son alimentation doit cependant couvrir ses autres besoins et respecter les ANC.

La clinique propose le menu ci-contre.

Entrée	Saucisson sec OU taboulé
Plat	Escalope de dindonneau aux légumes verts
Fromage	Roquefort OU emmental
Dessert	Pomme
	Pain et eau à volonté

4. À l'aide du doc. 3, préciser la quantité de sodium que peut consommer par jour M. Denis et calculer la réduction qu'il doit appliquer par rapport aux besoins d'une personne en bonne santé.

....

....

5 À partir des **annexes 4**, **5** et **6** et du **doc. 4** (p. 80), choisir et adapter le menu proposé de la clinique pour qu'il convienne au régime de M. Denis.

	Menu de M. Denis	Groupes alimentaires représentés
Entrée	•	• ....
Plat	• Escalope de dindonneau aux légumes verts	• ....
Fromage	•	• ....
Dessert	• Pomme	• ....
	•	• ....
	• Eau à volonté	• ....

6 Vérifier et justifier que l'équilibre alimentaire est atteint en nommant dans le tableau les groupes alimentaires représentés.

....

7 Rappeler la pathologie de M. Denis puis citer les autres constituants alimentaires qu'il faudra surveiller dans son alimentation.

....

....

8 À partir des **docs 2** (p. 79) et **3** (p. 80), donner au moins cinq conseils à M. Denis pour que, de retour à son domicile, il poursuive son régime hyposodé.

- ....
- ....
- ....
- ....
- ....

9 À partir du site **www.inpes.sante.fr** (lienmini.fr/nut465-37), citer les astuces pour donner du goût aux plats sans ajouter de sel.

....

....

....

....

....

....

© www.mangerbouger.fr

Mémoriser l'essentiel

Mauvaise alimentation

Manque d'activité physique

Les facteurs responsables
- Excès de **lipides, de glucides, de** sel (chlorure de sodium)
- Surpoids
- Consommation excessive d'alcool
- Tabagisme

Les sujets atteints de :
- **maladies cardio-vasculaires**
  Troubles affectant le cœur et les vaisseaux sanguins
- **maladies rénales ou hépatiques**
  Troubles affectant les reins ou le foie
- Les sujets sous **corticothérapie**

Pour qui ?

Régimes hyposodés :
Il existe 3 régimes différents (large, standard, strict) **pour réduire l'apport en sodium**

Que faire ?

Sel visible : celui ajouté lors des repas ou des préparations 10 à 20 % du sel consommé)

Sel dit « caché » : présent naturellement dans les produits alimentaires ou ajouté lors de l'élaboration des plats

Le **sodium** est nécessaire au fonctionnement de l'organisme : transmission nerveuse, contraction musculaire, régulation hormonale…

- Supprimer le sel de cuisson ou d'assaisonnement
- Éviter les plats préparés par l'industrie agroalimentaire
- Éviter les aliments riches en sodium : salaisons (jambon, saucisson), fromages, pain
- Lire les étiquettes alimentaires pour repérer la quantité de sodium présent
- Avoir recours à un sel hyposodé (selon prescription)
- Éviter les boissons fortement minéralisées (Badoit, Vichy, Quézac, etc.)

Astuces
- Remplacer le sel par des aromates, de l'ail, de l'échalote
- Penser aux épices, poivre
- Rehausser la saveur du plat avec du jus de citron

Récapituler et retenir
Synthèse à compléter
lienmini.fr/nut465-38

Vérifier ses acquis
Mots croisés
lienmini.fr/nut465-39

Aller plus loin
Site internet
lienmini.fr/nut465-40

PARTIE 4

SÉQUENCE 13

Régime pour diabétiques et régime sans résidu

Objectifs

- Caractériser et justifier les régimes diabétiques (types 1 et 2).
- Justifier l'adaptation des menus à un régime contrôlé en glucides.
- Caractériser et justifier le régime sans résidu.
- Proposer une adaptation qualitative aux besoins d'une personne en situation préopératoire.

ACTIVITÉ 1 Les différents diabètes

DOC. 1

Types de diabète

Le **diabète** se définit comme un excès de sucre dans le sang (**hyperglycémie**). Cette anomalie peut être liée à une sécrétion insuffisante d'insuline par le pancréas ou à sa mauvaise utilisation par le corps.

Il existe deux sortes principales de diabète :
– diabète de type 1 ou insulinodépendant : le pancréas synthétise peu ou pas d'insuline. Il est donc nécessaire d'avoir des injections d'insuline pour réguler la **glycémie**. Ce type de diabète, d'origine génétique ou virale, débute le plus souvent avant 40 ans.
– diabète de type 2 ou diabète gras : le surpoids, l'obésité et le manque d'activité physique sont les causes révélatrices du diabète de type 2 chez des sujets génétiquement prédisposés. Il apparaît autour de la cinquantaine. Deux anomalies sont responsables de l'hyperglycémie : soit l'insuline est synthétisée en quantité insuffisante pour réguler correctement la glycémie, soit cette insuline n'est pas reconnue.

Il existe un 3e diabète dit « gestationnel » qui peut apparaître pendant la grossesse et qui, en général, disparaît après la naissance de l'enfant.

Quel que soit le type de diabète, à long terme, il peut entraîner des effets néfastes sur le cœur, les vaisseaux, les reins, les yeux et les nerfs.

Et l'alimentation dans tout ça ?
• Pour les diabètes de type 1 et gestationnel : il faudra contrôler l'apport en glucides, sinon l'alimentation reste quasi normale pour l'apport des autres constituants alimentaires.
• Pour le diabète de type 2 : il sera nécessaire de contrôler l'apport en lipides et en glucides.

1 Rechercher dans le **doc. 1** les différences entre les diabètes de type 1 et 2 et compléter le tableau.

	Diabète 1	Diabète 2
Âge d'apparition	....	....
Origine	....	....
Alimentation recommandée	....	....

2 Préciser, à partir du **doc. 1**, le troisième cas dans lequel peut apparaître un diabète et dire s'il est définitif.

....

ACTIVITÉ 2 Le régime contrôlé en glucides

DOC 2

Régime contrôlé en glucides et index glycémique des aliments

La personne diabétique doit prendre des repas réguliers, équilibrés et éviter l'apport isolé et important en glucides simples.

Les aliments présentant un index glycémique bas sont à privilégier car ils induisent une augmentation modérée de la glycémie.

L'IG d'un aliment est calculé en fonction du glucose (dont la valeur référence est 100).

La personne diabétique pourra avoir un apport quasi normal des autres constituants alimentaires.

Index glycémique de quelques aliments : élevé, moyen, faible					
Purée de pommes de terre	90	Pain complet	50	Petit pois	45
Pain d'épice	80	Pâtes « al dente »	50	Semoule complète	45
Carottes cuites	85	Carottes crues	50	Raisin	45
Pain blanc	85	Kiwi	55	Haricots blancs	30
Banane	65	Petit Beurre	55	Lentille verte	22
Saccharose (sucre)	65	Riz au lait	47	Tous les légumes	20
Taboulé	65				

1 D'après le **doc. 2**, citer les trois précautions que devra prendre un diabétique pour ses repas.

• .... • ....

• ....

2 À partir du **doc. 2**, indiquer la raison pour laquelle l'index glycémique des aliments consommés par une personne diabétique doit être bas.

....

DOC 3

Menu du jour

	Menu 1	Menu 2
Entrée	• Salade de tomates et concombre	• Salade de haricots blancs
Plat	• Poulet rôti et carottes Vichy	• Veau marengo et courgettes sautées
Produit lacté	• Emmental	• Riz au lait
Dessert	• Compote au sucre de canne et pain d'épice	• Poire
	• Pain blanc et eau à volonté	• Pain complet et eau à volonté

• Agnès, enceinte de 7 mois, est hospitalisée. Elle présente un diabète gestationnel.

3 • En s'aidant du **doc. 2**, choisir parmi les deux menus du **doc. 3** celui qui convient le mieux à Agnès.

....

• Justifier sa réponse.

....

....

....

ACTIVITÉ 3 Le régime pour les personnes présentant un diabète de type 2

1 Rappeler les deux constituants alimentaires dont il faut surveiller les quantités dans l'alimentation d'une personne présentant un diabète de type 2.

• .... • ....

Entrées		
• Œuf mimosa	• Taboulé (ingrédients : semoule fine, tomate, concombre, jus de citron)	• Soupe de lentilles
Plats		
• Hachis Parmentier 	• Poulet basquaise 	• Cassoulet toulousain 
Fromages		
• Comté	• Fromage de chèvre	
Desserts		
• Raisin 	• Banane 	• Crème dessert au chocolat (voir valeurs ci-dessous)

Valeurs nutritionnelles moyennes pour :

	100 g	125 g
Protéines (g) :	2,9	3,6
Glucides (g) :	20,2	25,2
Lipides (g) :	2	2,5
Calcium (mg) :	86	107

• Maia présente un diabète de type 2 depuis cinq ans. Elle est hospitalisée pour un problème de genou dû à son surpoids.

2 • Composer un menu équilibré pour Maia en entourant les choix retenus dans le tableau ci-dessus. S'aider des **annexes 4**, **5** et **6** ainsi que du **doc. 2** (p. 84) et d'**Info⁺**.

• Justifier ses réponses.

– Entrée et plat : ....

....

....

– Fromage : ....

– Dessert : ....

ACTIVITÉ 4 Le régime sans résidu

DOC. 4

Que sont les résidus ?

Certains aliments ne sont pas totalement dégradés pendant la digestion et laissent dans l'appareil digestif une fraction que l'on nomme résidu.

D'ordinaire, les résidus sont importants pour le bon fonctionnement de l'appareil digestif. Ils permettent d'augmenter le volume des selles et donc de faciliter le transit intestinal.

Dans certains cas, un régime sans résidu sera préconisé :
- en prévision d'une opération ou d'un examen du tube digestif ;
- pour des pathologies impliquant le tube digestif (inflammation, colite, maladie de Crohn…) ;
- dans certains cas de diarrhée.

De quels aliments proviennent les résidus ?

Plusieurs constituants alimentaires ne sont pas totalement dégradés :
- les fibres alimentaires : constituantes des parois des cellules végétales ;
- certains glucides présents notamment dans les artichauts, les topinambours, certains légumes secs, le chou, les brocolis, les asperges ou les haricots verts ;
- certains amidons : amidon de la banane, celui des légumes secs. L'amidon des pâtes, pommes de terre ou riz est difficilement digéré lorsque les aliments sont consommés réchauffés ;
- le lactose (sucre du lait) : uniquement chez les personnes intolérantes ;
- les fibres animales : présentes au sein des tissus conjonctifs des viandes de 2e et 3e catégories (collagène, élastine).

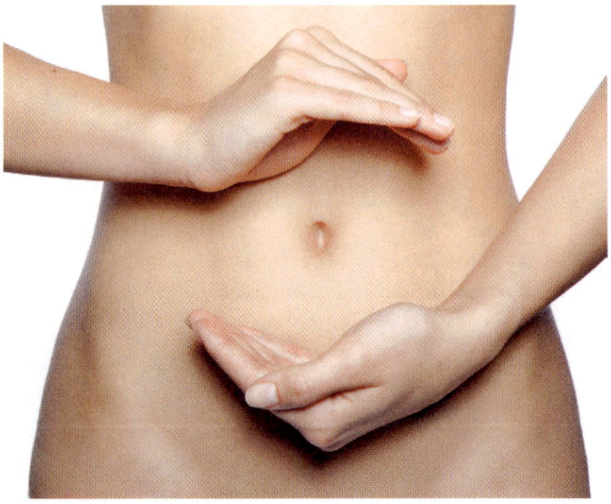

1. Donner la définition de résidu à partir du doc. 4.

....

2. Citer le rôle des résidus dans la digestion.

....

3. Préciser les cas pour lesquels un régime sans résidu est conseillé.

....

....

....

4. D'après le doc. 4 et ses connaissances, lister les groupes alimentaires ou les aliments riches en résidus.

....

....

....

....

DOC 5

Régime sans résidu

Les aliments autorisés				
Produits laitiers	VPO	Céréales et féculents raffinés		
• Tous les laits • Tous les fromages • Tous les laitages (sans morceaux de fruits) si tolérance au lactose	• Viande sauf 2e et 3e catégories • Charcuterie • Poisson • Crustacés • Œufs	• Pomme de terre sans peau • Riz blanc • Pâtes raffinées • Semoule Servir juste après la cuisson : leur conservation au froid les rend moins digestes.		• Farine blanche • Millet • Tapioca • Maïzena
Matières grasses (avec modération)	Produits sucrés		Boissons	Pain (hors pains spéciaux)
• Beurre • Huile • Sauce • Friture • Crème fraîche • Mayonnaise	• Gelée de fruits • Miel • Bonbon • Caramel • Chocolat • Pâtisserie sans fruits • Biscuits secs		• Toutes les eaux • Le sirop • Jus de fruit passé au chinois toléré dans le régime élargi (moins strict)	• Pain blanc • Pain de mie • Pain viennois • Biscotte

• *M. Lapègue vient d'être hospitalisé, il doit subir une intervention chirurgicale sur le côlon dans deux jours. Il présente une allergie au lactose.*

5 À partir des **docs. 4** (p. 86) et **5**, adapter le petit déjeuner et le déjeuner du jour pour qu'ils conviennent à M. Lapègue.

	Repas	Modifications et conseils
Petit déjeuner	• Lait	....
	• Biscottes	....
	• Beurre et confiture	....
	• Jus d'orange	....
Déjeuner	• Salade composée	....
	• Escalope de dinde sauce chasseur	....
	• Pâtes	....
	• Camembert	....
	• Pomme au four accompagnée d'un Petit Beurre	....
	• Pain aux céréales et eau à volonté	....

Mémoriser l'essentiel

Diabète : excès de sucre dans le sang (hyperglycémie) dû à une mauvaise régulation hormonale
→ Peu ou pas de sécrétion d'insuline par le pancréas ou non reconnue

Diabète de type 1 ou insulinodépendant
- Souvent avant 40 ans, d'origine génétique ou virale

Diabète gestationnel
- Pendant la grossesse

Diabète de type 2 ou diabète gras
- Vers 50 ans, à cause du surpoids, du manque d'activité physique chez des sujets génétiquement prédisposés

Régime contrôlé en glucides (diabète de type 1 et diabète gestationnel)

Comment ?
- Veiller à des repas réguliers, équilibrés
- Éviter l'apport isolé en glucides simples
- Consommer normalement les autres constituants alimentaires
- Privilégier les aliments ayant un index glycémique bas

Régimes hypoglucidique et hypolipidique (diabète de type 2)
(voir Séquence 10, p. 69)

Régime sans résidus
Éviter l'apport en aliments non totalement dégradés dans l'intestin

Les résidus sont la partie des aliments qui restent après digestion et dont le rôle est d'augmenter le volume des selles pour faciliter le transit intestinal

Pour qui ?
- En prévision d'une opération sur le tube digestif ou de son examen
- Lors de pathologies impliquant le tube digestif (inflammation, maladie de Crohn, colite…)
- Lors de certaines diarrhées

Comment ?
Éviter ces groupes alimentaires :
- fruits et légumes
- céréales et féculents
- VOP (viandes de 2e et 3e catégories)

Récapituler et retenir
Synthèse à compléter
lienmini.fr/nut465-41

Vérifier ses acquis
QCM
lienmini.fr/nut465-42

Aller plus loin
Site internet
lienmini.fr/nut465-43

PARTIE 4

Alimentation de l'adulte

SÉQUENCE 14

Équivalences alimentaires

Objectifs

- Justifier les équivalences énergétiques, protidiques et calciques dans des situations données.

ACTIVITÉ 1 Les équivalences alimentaires

DOC. 1

Notions d'équivalence

Pour être en bonne santé, nous devons manger équilibré et respecter les apports nutritionnels conseillés. Mais que se passe-t-il lorsqu'une personne ne consomme pas un aliment pourtant indispensable au bon fonctionnement de son corps ?

Parce qu'un consommateur n'aime pas un aliment ou ne peut pas le consommer (allergie ou intolérance, convictions religieuses ou culturelles), ou tout simplement pour varier l'alimentation, il peut être nécessaire de remplacer un aliment par un autre.

Mais attention, cette substitution doit permettre d'apporter la même quantité d'un constituant alimentaire donné : on parle alors d'équivalence alimentaire. Cette équivalence peut être réalisée à l'intérieur d'un même groupe alimentaire (intragroupe) ou entre groupes différents (intergroupes). Les aliments étant composés de constituants différents, l'équivalence doit être calculée en privilégiant un seul constituant alimentaire.

1 À partir du doc. 1, définir la notion d'équivalence alimentaire.

....

2 Souligner dans le doc. 1 les cas dans lesquels il est possible d'avoir recours aux équivalences alimentaires.

3 À partir de l'annexe 3, nommer les trois principales équivalences utilisées.

- ....
- ....
- ....

DOC. 2

Pluralité des équivalences

Il existe trois principales équivalences alimentaires (calcique, énergétique, protidique), mais il en existe bien d'autres. Par exemple, les personnes présentant un diabète pourront utiliser une autre équivalence pour équilibrer leur alimentation et pour ne pas perturber leur glycémie.

1 fruit moyen
(de 15 à 20 g de glucides)

= 3 morceaux de sucre

= 2 c. à s. de pâtes crues

= 1 petite banane

4 À partir du doc. 2, citer l'équivalence intéressante pour une personne diabétique.

....

ACTIVITÉ 2 L'équivalence calcique

DOC. 3

Équivalence calcique : dans quel cas ?

Le calcium, utilisé par l'organisme principalement pour les besoins constructeurs (squelette et dents), est également impliqué dans d'autres fonctions importantes pour le corps. Les personnes allergiques au lactose ne peuvent pas consommer de lait ni de produits laitiers (aliments les plus riches en calcium). Cela pose un problème notamment pour les enfants, qui, en pleine croissance, ont des besoins plus importants en calcium. Il va donc falloir mettre en place une équivalence calcique intergroupe : c'est-à-dire chercher, dans des groupes alimentaires autres que les produits laitiers, des aliments qui apportent du calcium en quantité suffisante pour couvrir les besoins calciques de l'enfant.

1 Souligner dans le **doc. 3** l'explication d'« équivalence calcique intergroupe ».

2 À partir du **doc. 3** et de ses connaissances, préciser deux cas pour lesquels il est nécessaire de mettre en place une équivalence calcique.

• Intergroupe : ....

....

• Intragroupe : ....

....

DOC. 4

Équivalences calciques intragroupe et intergroupe

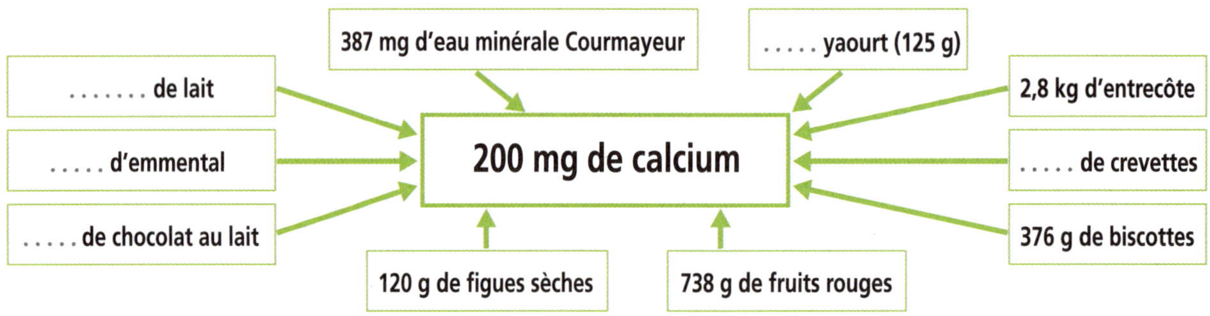

3 À partir des **annexes 4** et **6**, compléter le **doc. 4** en calculant la quantité nécessaire des aliments pour avoir un apport de 200 mg de calcium.

4 À l'aide du **doc. 4**, donner trois conseils alimentaires permettant de respecter l'apport calcique dans la situation suivante :

	Remplacer le lait par :
Léa, 4 ans, est allergique au lactose.	• .... • .... • ....

5 Préciser, d'après ses connaissances et le **doc. 4**, la limite des équivalences.

....

....

....

ACTIVITÉ 3 L'équivalence protidique

DOC. 5

Végétarien et végétalien

L'alimentation végétarienne est une alimentation sans aliments provenant de la chair d'animaux terrestres et marins. Lorsque les produits laitiers et/ou les œufs sont aussi exclus de l'alimentation, on parle d'alimentation « végétalienne ».

En excluant de son alimentation la viande et le poisson, le **végétarien** et le **végétalien** limitent fortement leurs apports en protéines. Il est donc indispensable qu'ils respectent leurs **ANC** en protéines en apportant par leur alimentation des protéines autres qu'animales : par exemple, en associant des céréales à des légumes secs au cours d'un repas.

Le végétarien ou végétalien devra veiller à respecter l'apport des autres nutriments apportés essentiellement par les groupes **VPO** et produits laitiers.

1 Souligner dans le **doc. 5** la définition d'une alimentation végétarienne.

2 Préciser la différence entre végétarien et végétalien.

....

....

• M. Dioné, 35 ans, est en rééducation à la suite d'une fracture de la cheville. Il est végétarien depuis douze ans. Vous l'aidez pour composer son plateau-repas au self-service.

3 À partir des **annexes 4** et **6**, calculer la quantité de protides apportés par le déjeuner de la clinique et compléter le tableau ci-contre.

4 Souligner dans le tableau les aliments que M. Dioné ne peut pas consommer puis y noter la quantité de protides que cela représente.

....

Menu de la clinique	Apport en protides (g)
• Rillettes d'oie (40 g)	6
• 120 g de steak	....
• 120 g de haricots verts	1,6
• 115 g de riz au lait	4,1
• 1 portion de camembert (30 g)	....
TOTAL	....

DOC. 6

Pour aider à construire un plateau-repas

Des idées « spécial végétarien »

- Semoule cuite + pois chiches = couscous
- Maïs + haricots rouges = salade mexicaine
- Riz + haricots blancs + lentilles = riz indien

Les bonnes mesures dans son assiette

1. Entrée : Cuidités ou crudités assaisonnées (120 g)
2. Plat principal : Légumes cuits ou riz ou pâtes (200 g) et viande (125 g)
3. Fromage : Portion de 30 g
4. Dessert : Fruit (100 g) ou entremets (125 g)

5 Proposer des équivalences protidiques à partir de l'**annexe 3** et du **doc. 6** en notant la quantité de protides apportée quand cela est possible.

....

....

Mémoriser l'essentiel

Allergie ou intolérance alimentaire

Convictions religieuses culturelles

Variété de l'alimentation

Aversion pour un aliment

Respecter des apports nutritionnels conseillés en réalisant **des équivalences alimentaires**

→ Remplacer un aliment par un autre en apportant la même quantité d'un constituant alimentaire

Intra groupe : choix d'un autre aliment du même groupe alimentaire

Intergroupe : choix d'un aliment dans un groupe alimentaire différent

Exemple : équivalence calcique

En cas d'aversion pour le lait : remplacer le lait par du fromage ou des yaourts

En cas d'allergie au lactose : remplacer les produits laitiers par des eaux riches en minéraux, des fruits secs, certains crustacés et certains fruits rouges

Exemple : équivalence protidique

En cas d'alimentation végétarienne ou végétalienne : remplacer le groupe VOP par des céréales, des légumineuses, des légumes secs

Récapituler et retenir

Synthèse à compléter

lienmini.fr/nut465-44

Vérifier ses acquis

Mots croisés

lienmini.fr/nut465-45

Aller plus loin

Site internet

lienmini.fr/nut465-46

PARTIE 5

Alimentation de la personne âgée

Situation professionnelle

L'EHPAD « Les capucines » accueille une soixantaine de résidents. Dans le cadre de la « Semaine du goût » et afin d'améliorer les repas proposés, une nutritionniste, en collaboration avec le médecin de la structure, a travaillé sur les qualités nutritionnelles et gustatives des menus servis dans l'établissement.
Vous travaillez dans cette structure où vous êtes chargé(e) de la distribution et de l'aide à la prise des repas.

Connaissances abordées

- 2.1 Besoins nutritionnels et apports recommandés pour les personnes âgées
- 2.3 Alimentation de la personne âgée
- 2.4 Équilibre alimentaire
- 3.1 Différents régimes prescrits
- 4.3 Troubles de l'alimentation

Info+

Vieillissement de l'appareil digestif

MODIFICATIONS PHYSIOLOGIQUES ET PHYSIQUES	CONSÉQUENCES
• Diminution de l'appétit.	→ Risque de **dénutrition** et de sous-alimentation.
• Diminution de la sensation de soif.	→ Risque de **déshydratation**.
• Modification de la perception du goût et baisse de l'odorat.	→ Préférence pour les goûts sucrés et difficulté de perception de certaines saveurs.
• Problèmes bucco-dentaires.	→ Difficultés de mastication.
• Diminution du flux salivaire et des sécrétions acides de l'estomac.	→ Ralentissement de la **digestion**.
• Ralentissement du transit intestinal.	→ Tendance à la constipation.
• Difficulté pour se déplacer.	→ Isolement social et alimentation inadaptée.

L'Organisation mondiale de la santé (**OMS**) définit une personne âgée à partir de 60 ans.
Les plus de 60 ans sont de plus en plus nombreux en France : ils représentent aujourd'hui en moyenne 20 % de la population.

PARTIE 5

SÉQUENCE 15

Besoins de la personne âgée et compléments alimentaires

Objectifs

- Indiquer et justifier les besoins nutritionnels de la personne âgée.
- Proposer des aliments et/ou des menus adaptés aux besoins spécifiques de la personne âgée et justifier ces choix.
- Justifier l'utilisation des compléments alimentaires.

ACTIVITÉ 1 Les besoins nutritionnels de la personne âgée

DOC. 1

Les besoins de la personne âgée

Les personnes âgées ont tendance à diminuer leurs apports alimentaires. Une baisse de l'appétit et des modifications physiologiques modifient leur façon de s'alimenter. La solitude, l'isolement, la dépression et la perte de convivialité pendant les repas peuvent également fragiliser les personnes âgées et les conduire à la sous-alimentation et à la dénutrition lorsque les apports nutritionnels sont insuffisants pour couvrir les besoins de l'organisme. Or leurs besoins énergétiques sont quasi équivalents à ceux de l'adulte (de 30 à 35 kcal/kg/j). Même si les dépenses énergétiques peuvent apparaître moins importantes en raison d'une baisse de l'activité physique, notre organisme utilise plus difficilement les composants des aliments avec l'âge. Une alimentation variée contribue non seulement à donner envie de manger, mais permet de couvrir tous les besoins de l'organisme.

Il est indispensable de conserver trois repas complets et équilibrés par jour ainsi qu'une ou deux collations dans la journée pour conserver une bonne santé le plus longtemps possible.

1 À partir du **doc. 1** et de ses connaissances :

- Calculer l'**AEC** pour un homme âgé pesant 70 kg. ....
- Le comparer à celui de l'adulte puis conclure. S'aider si besoin de l'**annexe 1**.

....

....

....

2 Souligner dans le **doc. 1** les facteurs qui peuvent conduire à une dénutrition de la personne âgée.

DOC. 2

Effets de la sous-alimentation

La sous-alimentation augmente le risque d'infections (grippes, broncho-pneumonies, infections urinaires), de chutes et de complications de celles-ci (fractures, lésions de la peau, etc.). Elle diminue également la résistance aux maladies.

© « Prévenir la dénutrition », édité par OMVS et les associations d'aide à domicile et soins à domicile.

3 Souligner dans le **doc. 2** les conséquences d'une sous-alimentation chez la personne âgée.

4 Rechercher sur le site **www.nutrisenior.fr** (lienmini.fr/nut465-47), les douze signes d'alerte de la dénutrition puis les reporter dans le tableau ci-dessous.

Plan physique		Plan psychologique
•		
•	•	•
	•	**Plan social**
•	•	•
		•
•	•	•

DOC. 3

Conseils pour conserver une bonne alimentation

Quelles que soient vos activités, veillez à conserver un rythme de trois repas par jour – petit déjeuner, déjeuner, dîner –, cela permet une bonne répartition des apports alimentaires.

Un petit creux ? Faites un goûter ou une collation dans la matinée ou la soirée en privilégiant yaourts, fromage et fruits.

5 À partir du **doc. 3** et de ses connaissances, indiquer et justifier la répartition des aliments dans la journée pour une personne âgée.

....

....

6 Proposer un repas du soir qui respecte l'équilibre alimentaire à partir de ses connaissances et du **doc. 7** (p. 22) de la **séquence 3**.

Petit déjeuner	Déjeuner	Collation	Dîner
• Pain complet + beurre et confiture • Café au lait • Jus d'orange	• Brochette de poulet • Riz et fenouil gratiné • Tartelette au citron • Pain et eau	• Tisane • Yaourt nature sucré	

7 Justifier les conseils donnés pour conserver une bonne alimentation et bien vieillir.

Conseils	Justifications
A. Pratiquer une activité physique.	
B. Consommer au minimum trois portions de produits laitiers tous les jours.	
C. Manger des protéines à chaque repas.	
D. Boire de 8 à 10 verres de boisson par jour.	

ACTIVITÉ 2 Les besoins spécifiques de la personne âgée

DOC. 4

Besoins en calcium d'une personne âgée

Le métabolisme osseux est sous influence de nombreux facteurs : génétiques, hormonaux, physiques et nutritionnels.

Il est aujourd'hui admis que le déficit en calcium et en vitamine D fragilise les os. Cela a pour conséquence une augmentation des fractures (en particulier du col du fémur) et des tassements vertébraux. Il est essentiel de corriger ces déficits en calcium principalement dus à une insuffisance d'apport par l'alimentation.

Les concentrations en vitamine D diminuent avec l'âge, en grande partie par une exposition insuffisante au soleil. Pour le maintien de la masse osseuse, il est indispensable d'avoir une activité physique quotidienne.

1 Indiquer, à partir de l'**annexe 1**, l'**ANC** en calcium d'une personne âgée puis le comparer à celui de l'adulte.

....

....

2 Justifier les besoins en calcium pour une personne âgée à partir de ses connaissances et du **doc. 4**.

....

....

3 Souligner dans le **doc. 4** les conséquences d'un déficit en calcium.

4 Voici la liste d'aliments consommés sur une journée par une personne de plus de 65 ans.

Aliments		Quantité de calcium
	1 verre de lait demi-écrémé (250 mL)	....
	1 yaourt nature (150 g)	....
	1 portion d'emmental (30 g)	....
	Haricots verts (50 g)	....
	TOTAL	....

• Calculer la quantité de calcium absorbée à partir des tables de composition des aliments des **annexes 4** et **5** puis les reporter dans le tableau ci-dessus.

• Conclure : ....

....

5 Calculer la quantité de calcium manquante pour couvrir les besoins et proposer d'autres aliments à consommer pour les couvrir.

....

....

....

6 Une personne âgée évite les produits laitiers par peur de grossir. À partir de ses connaissances, donner des conseils pour qu'elle consomme sa ration quotidienne de calcium.

....

....

....

....

7 Pour que le calcium puisse se fixer sur les os, il nécessite l'aide de la vitamine D. Retrouver sur l'**annexe 6** des aliments riches en vitamine D.

....

....

....

DOC. 5

Besoins en vitamine D d'une personne âgée

La vitamine D est apportée par l'alimentation, mais aussi principalement par la synthèse endogène sous l'action des rayons ultraviolets du soleil au niveau de la peau.

Si la personne âgée sort peu ou s'expose peu à la lumière du jour, il faut lui prescrire un supplément en vitamine D sous forme de médicament.

8 Souligner dans le **doc. 5** la source principale de la vitamine D.

9 À partir des **docs. 4** (p. 97) et **5**, donner des conseils à une personne âgée pour maintenir son capital osseux et ainsi éviter l'ostéoporose.

....

....

....

10 À partir de ses connaissances et des informations données dans **Info⁺**, préciser et justifier les aliments à privilégier pour les seniors en plus des produits laitiers.

....

....

....

ACTIVITÉ 3 Les compléments alimentaires

DOC. 6

Définition d'un complément alimentaire

Si l'alimentation, même enrichie, ne suffit pas à couvrir les besoins nutritionnels des patients dénutris, on peut prescrire des compléments nutritionnels oraux.

Attention cependant ! Les CNO ne remplacent pas l'alimentation « normale » qui doit être maintenue et encouragée, mais la complètent.

Ils peuvent être donnés pendant les repas ou en dehors, en respectant un délai de deux heures avant une prise alimentaire.

Exemple : complément alimentaire **lacté**

Aliment diététique destiné à des fins médicales spéciales pour alimentation orale, hyperprotidique, hypercalorique, avec lactose, enrichi en vitamines et en minéraux.

Boisson conditionnée en bouteille de 200 mL.

Stérilisé UHT.

Prêt à l'emploi.

Extrait de la composition pour 100 mL

Protéines : 10 g (27 % des AET)

Glucides : 17,6 g (47 % des AET)

Calcium : 220 mg

Vitamine D_3 : 1,4 µg

Indications : Délical® boisson lactée HP-HC est à utiliser en supplémentation orale pour les besoins nutritionnels en situation de dénutrition ou risque de dénutrition. Convient aux enfants à partir de 3 ans. Avis important : à utiliser sous contrôle médical.

Conseils d'utilisation : 1 à 2 Délical® boisson lactée HP-HC par jour. À adapter en fonction des besoins des patients. [...]

Conditions de conservation
Avant ouverture : à température ambiante.
Après ouverture : 24 heures au réfrigérateur.

Avec l'autorisation de la société Lactalis Nutrition Santé.

1 Souligner dans le **doc. 6** les intérêts de ce complément nutritionnel.

2 Indiquer les conditions de consommation et d'utilisation de ce complément alimentaire.

....

....

....

....

3 Entourer dans la composition de ce complément les deux constituants alimentaires importants pour la consolidation osseuse.

4 Madame D. a été opérée d'une fracture du col de fémur. Justifier la prise de ce complément alimentaire.

....

....

Mémoriser l'essentiel

Besoins alimentaires de la personne âgée : 7 500 à 10 000 kJ par jour

Conseils

- Avoir une alimentation variée répartie en 3 ou 4 repas par jour
- Consommer des produits laitiers 3 à 4 fois par jour
- Favoriser la synthèse endogène de la vitamine D en s'exposant régulièrement au soleil
- Maintenir une activité physique

Besoins spécifiques

- **Calcium** 1200 mg/jour besoin supérieur à ceux de l'adulte nécessaire pour éviter les tassements vertébraux et les fractures
- **Vitamine D** permet la fixation du calcium sur les os

Si non respecté

Risque de sous-alimentation et dénutrition

En cas de besoin

Compléments Nutritionnels Oraux (CNO)

1 à 2 CNO pendant ou en dehors des repas en respectant un intervalle de 2 heures et sous contrôle médical

Quelques signes de dénutrition

- Perte de 15 à 20 % du poids de l'âge adulte
- Perte d'autonomie physique ou psychique

Conséquences

- Perte de poids et de masse musculaire
- Risques de chutes et de fractures
- Risques d'infection et sensibilité plus grande aux maladies

Récapituler et retenir

Synthèse à compléter

lienmini.fr/nut465-48

Vérifier ses acquis

QCM

lienmini.fr/nut465-49

Aller plus loin

Site internet

lienmini.fr/nut465-50

SÉQUENCE 16

Déshydratation et dénutrition de la personne âgée

Objectifs

- Indiquer et justifier les besoins en eau de la personne âgée.
- Énoncer les signes et les conséquences de la déshydratation.
- Énoncer les signes de dysphagie et ses conséquences, justifier l'utilisation de compléments alimentaires (eau gélifiée, poudre épaississante).

ACTIVITÉ 1 Les besoins en eau et les signes de déshydratation chez la personne âgée

DOC. 1

Besoins en eau

Notre corps est composé en grande partie d'eau. Les pertes journalières (par la sueur, la respiration, les urines et les selles) doivent être compensées par les apports (60 % d'eau apportés par les boissons, mais aussi 40 % d'eau apportés par les aliments).

La sensation de soif diminue progressivement avec l'âge et peut disparaître complètement chez certains.

L'eau est indispensable pour assurer le travail des reins, l'élimination des déchets alimentaires, la régulation thermique et l'hydratation de la peau.

Pour éviter les risques de **déshydratation**, apprenez à boire sans soif.

1 Indiquer à partir de l'**annexe 1** les besoins en eau d'une personne âgée.

....

....

2 Souligner dans le **doc. 1** les rôles de l'eau dans l'organisme.

3 Indiquer dans quels cas les besoins en eau peuvent être augmentés chez la personne âgée.

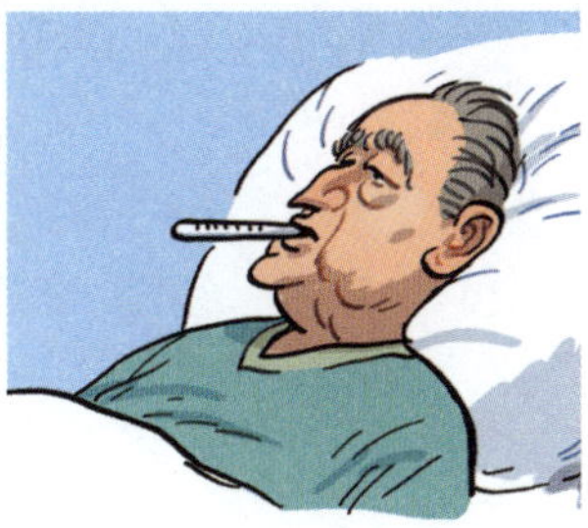	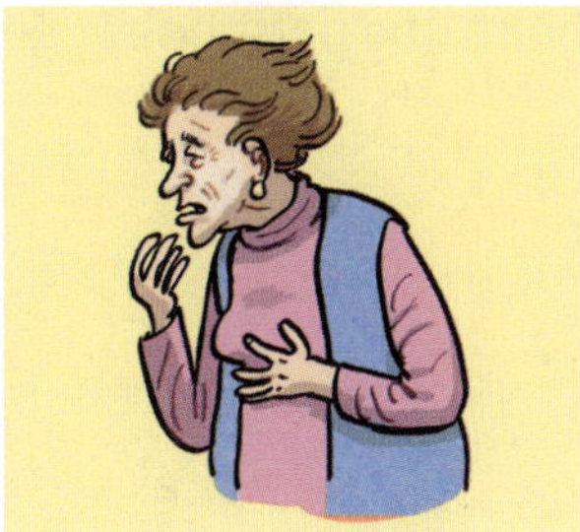		
....	....	....	....
....	....	....	....

4 Expliquer pourquoi les risques de déshydratation sont plus importants chez une personne âgée qui ne se nourrit pas correctement.

....

....

DOC. 2

Signes cliniques de la déshydratation

Les signes d'une déshydratation sont :
- un regard terne et des yeux enfoncés ;
- un état de fatigue ;
- une sécheresse de la bouche ;
- des plis cutanés (lorsqu'elle est légèrement pincée, la peau tarde à retrouver son état initial) ;
- des urines très colorées et qui sentent très fort ;
- à un stade avancé, des troubles de la conscience.

Les conséquences sont souvent graves chez la personne âgée, avec une constipation tenace, des infections urinaires à répétition, une diminution des capacités physiques, une confusion mentale, des vertiges et des risques de chute.

5 À partir du **doc. 2**, indiquer les conséquences de la déshydratation chez la personne âgée.

....

....

....

DOC. 3

Conseils pour bien s'hydrater

Comment boire de 1 à 1,5 litre d'eau par jour ?

- Buvez pendant et entre les repas. Si l'eau plate ne vous dit rien, vous pouvez boire de l'eau gazeuse ou aromatisée, mais sans sucre.
- N'oubliez pas l'eau contenue dans les soupes, les potages, les tisanes, le thé et le café.
- Si vous aimez les fruits, optez plutôt pour les « 100 % pur jus », qui apportent vitamines et sels minéraux.
- Privilégiez les aliments riches en eau.
- Buvez surtout dans la première partie de la journée si vous avez peur de vous lever la nuit.

6 Proposer à partir du **doc. 3** des solutions pour faire boire une personne âgée qui ne veut pas d'eau plate.

....

....

....

7 Indiquer les aliments les plus riches en eau à partir des **annexes 4**, **5** et **6**.

....

....

8 Indiquer un autre intérêt, pour la personne âgée, de consommer des soupes de légumes.

....

....

ACTIVITÉ 2 Les troubles de la déglutition et la déshydratation

DOC 4

Dysphagie

La déglutition se définit comme l'action par laquelle le bol alimentaire est transféré de la bouche à l'estomac. Un état pathologique particulier ou un traitement médicamenteux peut entraîner des problèmes de déglutition ou **dysphagie**. Cela peut provoquer alors le passage dans les voies aériennes de liquides ou de particules alimentaires. Ces fausses routes concernent souvent les liquides et notamment l'eau, qui stimule peu le réflexe de déglutition.

Ces troubles transitoires ou définitifs peuvent entraîner une dénutrition et souvent une déshydratation chez la personne âgée. Ils altèrent également la qualité de vie (peur de fausses routes, allongement de la durée des repas, isolement par peur du regard des autres).

Pour prévenir ces problèmes de déglutition, il est important de conserver le plus longtemps possible une alimentation normale, mais il faut savoir modifier la consistance des aliments (aliments moulinés ou mixés, sans grumeaux) ou la viscosité des liquides (eau gélifiée et poudre épaississante) dès que l'appétit diminue.

1. Souligner dans le **doc. 4** les causes possibles des problèmes de déglutition chez la personne âgée.
2. Indiquer les conséquences de la dysphagie d'après le **doc. 4**.

....

....

DOC 5

Eau gélifiée destinée à l'hydratation des personnes dysphagiques

Gelodiet® est une gamme de compléments nutritionnels oraux s'utilisant en cas de troubles de la déglutition ou de déglutition douloureuse. [...]

Gelodiet® eau gélifiée s'utilise pour couvrir les besoins hydriques, sans risque de fausse route. Les eaux gélifiées ont une texture homogène et non collante, rafraîchissante. Chaque pot apporte au moins 90 % d'eau. [...]

Dix saveurs sont disponibles en version sucrée (fraise, citron, grenadine, pomme verte, fruits du verger et raisin) ou édulcorée pour les régimes de restriction d'apport en sucre (orange, menthe, cola, thé pêche).

Les eaux gélifiées Gelodiet® sont peu caloriques, notamment les édulcorées : elles désaltèrent sans couper la faim.

Avec l'autorisation de la société Lactalis Nutrition Santé.

3. Compléter le tableau suivant après lecture du **doc. 5**.

Type de produit	Forme de commercialisation	Quantité d'eau contenue	Indication	Principe
....	....	....	....	Modification de la viscosité de l'eau pour faciliter la déglutition.

Mémoriser l'essentiel

Besoins en eau d'une personne âgée : 2 à 2,5 L par jour

Spécificité des personnes âgées
- La sensation de soif diminue avec l'âge
- Trouble de la déglutition ou dysphagie

Les besoins augmentent en cas de :
- Fièvre
- Troubles digestifs
- Fortes chaleurs
- Prise de médicaments
- Dénutrition

Risque de déshydratation

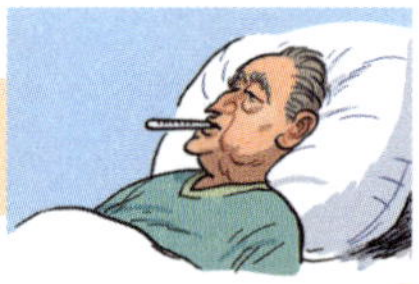

Les signes de déshydratation
- Regard terne et yeux enfoncés
- État de fatigue
- Sécheresse de la bouche
- Plis cutanés
- Urines très colorées et qui sentent très fort
- Stade avancé : troubles de la conscience

Conseils
- Apprendre à boire sans soif
- Boire 5 ou 6 verres d'eau dans la journée ou de l'eau aromatisée, consommer tisane, café ou thé
- Ne pas oublier les jus de fruits ou des bouillons de légumes

- Utilisation de l'eau gélifiée
- Poudres épaississantes pour faciliter la déglutition

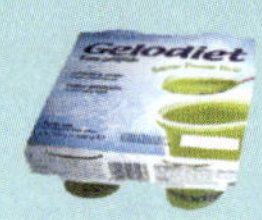

Récapituler et retenir

Synthèse à compléter

lienmini.fr/nut465-51

Vérifier ses acquis

QCM

lienmini.fr/nut465-52

Aller plus loin

Site internet

lienmini.fr/nut465-53

PARTIE 6

Qualités sanitaire et organoleptique des aliments

Situation professionnelle

La maison de retraite « L'âge d'or » a une capacité d'accueil de 35 résidents. Les repas sont préparés sur place par un chef cuisinier très soucieux de la qualité des préparations qu'il propose aux personnes âgées.
Vous participez à la préparation de collations en respectant les bonnes pratiques instaurées dans l'établissement.

Connaissances abordées

- BEP ○ **4.1** Qualité organoleptique
- BEP ○ **5** Qualité sanitaire des aliments
  - – Critères de qualité
  - – Altérations courantes
  - – Toxi-infections

Info+

Conservation des aliments

Tous les aliments s'altèrent plus ou moins rapidement, qu'ils soient d'origine animale ou végétale. La conservation des aliments consiste à allonger naturellement ou artificiellement leur durée de vie en préservant leurs **qualités organoleptiques**, nutritionnelles et sanitaires.
En fonction du procédé de conservation utilisé, les produits alimentaires sont classés en six gammes en vue de leur commercialisation.

1re gamme

Produits frais à l'état brut, stockés au frais quelques jours.

2e gamme

Produits appertisés ou stérilisés dans un conditionnement étanche.
DDM de plusieurs mois à 5 ans, à température ambiante.

3e gamme

Produits congelés ou surgelés.
DDM de plusieurs mois à une température égale ou inférieure à – 18 °C.

4e gamme

Produits végétaux frais, crus, épluchés et taillés, prêts à l'emploi, conditionnés sous atmosphère protectrice.
DLC de 7 jours au maximum, entre 0 et + 4 °C.

5e gamme

Produits cuits, conditionnés sous vide, prêts à l'emploi.
DLC de 21 à 40 jours, entre 0 et + 4 °C pour les produits pasteurisés.
DDM de plusieurs mois à température ambiante pour les produits stérilisés.

6e gamme

Produits déshydratés.
DDM de plusieurs mois à plus d'un an, à température ambiante.

Afin de garantir la sécurité alimentaire et donc la santé du consommateur, il est nécessaire de respecter les règles de stockage et de conservation des aliments, de même que les procédures et les règles d'hygiène lors de la préparation des repas.

SÉQUENCE 18

Qualité organoleptique

Objectifs

- Présenter les éléments intervenant dans l'appétit.
- Indiquer les critères de qualité organoleptique.
- Identifier les éléments participant à la perception des saveurs et des odeurs.
- Énoncer les facteurs de mise en valeur des préparations culinaires.

ACTIVITÉ 1 Les éléments intervenant dans l'appétit

DOC. 1

Faim et appétit ou besoin et envie de manger

La faim exprime le besoin physiologique de manger. Elle est déclenchée par la baisse de la glycémie et se manifeste par une sensation de vide, de creux à l'estomac et par un manque d'énergie. La satiété apparaît lorsque le taux de sucre dans le sang est revenu à son taux normal. Elle se traduit par une absence de faim pendant quelques heures, par une sensation de bien-être. Le rassasiement ou l'impression d'avoir assez mangé est induit par la distension de l'estomac et par des signaux provenant du foie et du pancréas. L'appétit correspond à l'envie de manger un aliment en particulier. Il n'est pas forcément associé à une sensation de faim, mais au plaisir ressenti lors de la prise d'aliments savoureux qui « font saliver d'envie ». De nombreux facteurs, liés aux aliments, à l'environnement socioculturel et à la personne elle-même, interviennent dans la régulation de l'appétit.

1 Relier, à l'aide du **doc. 1**, les expressions ou sensations ressenties à l'état correspondant.

Avoir l'eau à la bouche	•	•	Faim
Avoir un petit creux	•	•	Satiété
Avoir une sensation de bien-être	•	•	Rassasiement
Avoir assez mangé	•	•	Appétit

2 Souligner dans le **doc. 1** les trois familles de facteurs intervenant dans l'appétit, puis les reporter dans le tableau suivant :

Facteurs liés :		
....	....	....
• Préférences alimentaires, allergies et intolérances alimentaires • Addiction avec certains aliments • Habitudes, humeur • Faim, satiété • État de santé, âge, image corporelle • Stress, surmenage, manque affectif, tabagisme	• Taille des portions • Présentation des plats : couleurs, formes • Saveur • Odeur • Texture • Température	• Disponibilité des aliments • Médias, publicité • Influence culturelle ou religieuse • Éducation • Coutumes • Convivialité

ACTIVITÉ 2 Les propriétés organoleptiques des aliments

DOC. 2

Le goût des aliments

L'acceptabilité des aliments n'est pas la même pour tous. Nos choix et nos envies de déguster un aliment sont induits par les **qualités organoleptiques** de l'aliment, c'est-à-dire les caractéristiques perçues par nos organes des sens. Dès la naissance, les enfants ont une attirance pour la saveur sucrée et rejettent naturellement les aliments au goût amer ou acide. Cependant, le goût n'est pas le seul sens mis à contribution dans la dégustation. La vue, l'odorat, le toucher et l'ouïe sont également sollicités et nous permettent de réagir avec envie, ou éventuellement avec dégoût, devant les aliments mis à notre disposition.

1 À partir du **doc. 2**, définir les qualités organoleptiques des aliments.

....

2 Souligner les propriétés organoleptiques citées dans le **doc. 2** puis indiquer à quel sens elles sont associées.

....

DOC. 3

Critères de qualité organoleptique

- Couleur, volume
- Forme, état
- Aspect

....

- Odeurs, fumets
- Arômes, bouquets
- Parfums

....

- Texture
- Consistance
- Température
- Élasticité

....

5 saveurs : sucré, salé, acide, amer, **umami**

....

- Croustillant, pétillant
- Craquant, crépitant
- Croquant, crissant

....

3 Noter dans le **doc. 3** les sens sollicités sous chaque groupe de propriétés organoleptiques à l'aide du **doc. 2** ; inscrire dans un deuxième temps les organes des sens correspondants dans les encadrés noirs.

4 Proposer dans le tableau suivant, pour la tarte aux fruits du **doc. 3**, des critères ou des descripteurs correspondant aux cinq qualités organoleptiques citées.

Qualités organoleptiques	Critères ou descripteurs
Aspect	....
Odeur	....
Texture	....
Saveur	....
Son	....

ACTIVITÉ 3 La perception des saveurs et des odeurs

DOC 4

Perception sensorielle des aliments

Les aliments émettent différentes informations ou stimuli qui sont perçus par les organes des sens au niveau des **récepteurs sensoriels**. Ces stimuli, transformés en influx nerveux, sont transmis par les **nerfs sensitifs** jusqu'au **cerveau**, où ils sont interprétés. L'analyse de l'ensemble des informations permet d'identifier et de déterminer les qualités organoleptiques puis de décider d'une réponse : l'acceptabilité ou le refus de l'aliment.

1. Inscrire les éléments en gras du **doc. 4** dans le schéma ci-dessous.
2. Noter dans ce schéma les qualités organoleptiques perçues et l'aliment identifié puis cocher la décision prise.

Mécanisme de la perception sensorielle des aliments

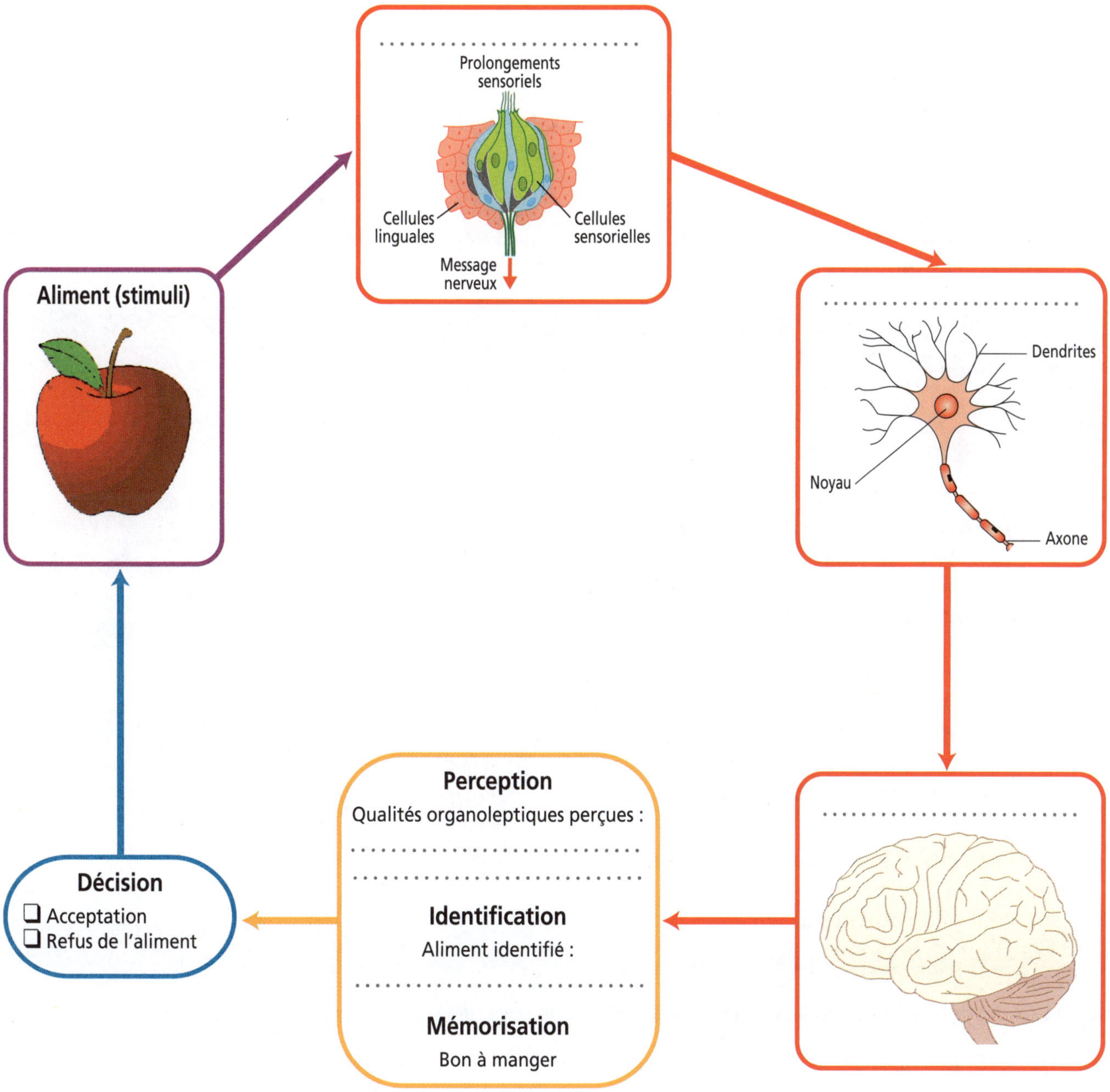

DOC 5

Perception gustative

La perception gustative, également appelée « gustation », permet d'apprécier la saveur de l'aliment. La langue est le principal organe sensitif du goût. Elle est couverte de papilles qui renferment les récepteurs gustatifs, appelés « bourgeons du goût ». Cependant, les papilles filiformes, qui sont les plus nombreuses et donnent à la langue son aspect rugueux, ne contiennent pas de bourgeons du goût. Elles sont responsables des sensations tactiles. Elles nous informent sur la température et la consistance des aliments, sur la sensation de piquant, de rafraîchissant et d'astringent.

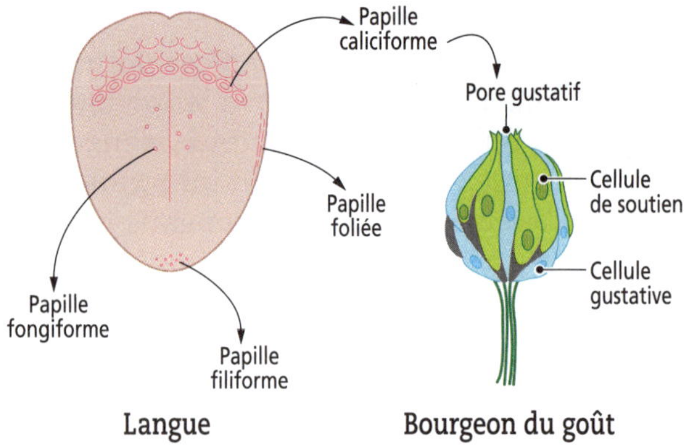

3 Citer les différentes papilles gustatives à l'aide du **doc. 5**.

....

4 Indiquer le rôle des bourgeons du goût à partir des **docs. 4** (p. 113) et **5**.

....

5 Souligner dans le **doc. 5** les propriétés organoleptiques perçues par les papilles filiformes et indiquer le sens auquel elles sont associées.

....

DOC 6

Perception olfactive

Les aliments exhalent des substances chimiques volatiles que nous percevons par l'intermédiaire de l'odorat, de deux façons :

– par voie directe lorsque nous flairons l'aliment avant sa mise en bouche : nous percevons alors les odeurs ;

– par voie rétronasale lorsque nous dégustons l'aliment. Les arômes libérés dans la bouche sous l'effet de la mastication et de la salive, remontent vers la cavité nasale, où ils sont détectés par les récepteurs olfactifs.

L'arôme de l'aliment est responsable de 90 % de la sensation gustative. On comprend donc qu'un gros rhume fasse perdre presque tout son goût à la nourriture.

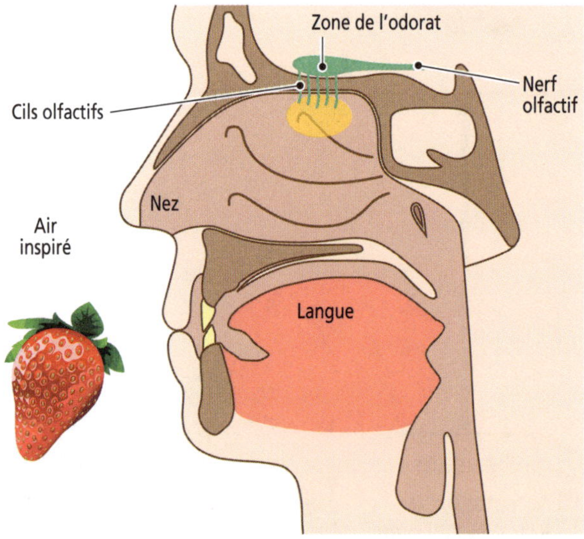

6 Flécher sur le schéma du **doc. 6** en bleu, le circuit des odeurs et en rouge, celui des arômes.

7 Expliquer pourquoi on ne perçoit pas le goût des aliments lorsqu'on est enrhumé.

....

....

ACTIVITÉ 4 La mise en valeur des préparations culinaires

DOC. 7

Du plaisir des yeux au plaisir de manger

Afin de stimuler l'appétit de la personne âgée ou de donner au jeune enfant l'envie de goûter à tout, il est primordial de valoriser la présentation des plats mais aussi de veiller aux conditions du repas. L'association de couleurs, la forme des aliments et leur disposition dans le plat ou l'assiette, ainsi que le soin porté à la décoration permettent de créer des plats harmonieux et appétissants. En jouant sur les contrastes au niveau de la texture des aliments, on peut apporter encore plus d'originalité : on mélange des aliments fermes (croquants, croustillants) avec d'autres plus moelleux, par exemple. De même, le choix du contenant (assiette ou plat) doit être judicieux. On tiendra compte de sa forme, de sa taille et de sa couleur afin de mettre en valeur le mets qu'il contient.

De nombreux autres facteurs, notamment liés à l'environnement dans lequel se déroule le repas, peuvent contribuer à le rendre agréable :
- pièce calme, accueillante, agréable, bien décorée, lumineuse ;
- mobilier confortable et adapté aux besoins de chacun ;
- table soigneusement dressée et joliment décorée, etc.

1 Classer dans le tableau suivant, à partir du **doc. 7**, les éléments qui contribuent à la mise en valeur des préparations culinaires.

Éléments concernant les plats servis	Éléments concernant l'environnement
•	• ....
•	• ....
•	• ....
•	• ....
•	• ....

2 Choisir parmi les photos proposées le cadre du repas et la préparation culinaire qui représentent le mieux la qualité organoleptique. Justifier ses choix.

A

B

Cadre du repas : ....

....

C

D

Préparation culinaire : ....

....

Mémoriser l'essentiel

Perception sensorielle

Les stimuli émis par les aliments et par l'environnement dans lequel se déroule le repas sont perçus par les **organes des sens** et transmis au cerveau.

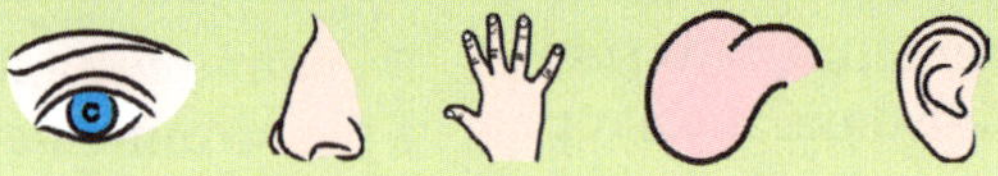

Qualité organoleptique

Caractéristiques organoleptiques des aliments

- **Aspect :** couleur, forme, volume, état
- **Odeurs, arômes**
- **Saveurs :** sucré, salé, acide, amer, umami
- **Texture, consistance, température**
- **Sons :** croustillant, craquant, pétillant…

Mise en valeur des préparations culinaires

- **Plats servis**
  Association de couleurs, formes des aliments, décoration des plats, contraste des textures…
- **Environnement dans lequel se déroule le repas**
  Mobilier, décor, éclairage, dressage de la table…

Appétit

Envie de manger un aliment en particulier pour le **plaisir** qu'il procure et pas forcément par sensation de faim

Récapituler et retenir

Synthèse à compléter

lienmini.fr/nut465-57

Vérifier ses acquis

QCM

lienmini.fr/nut465-58

Aller plus loin

Site internet

lienmini.fr/nut465-59

SUJET 2

Barème : … / 60 pts

Situation professionnelle
Dans le foyer-logement « La forêt », les personnes résidentes sont autonomes et bénéficient de services de restauration et d'entretien des locaux et du linge. Le directeur gère une équipe de 25 salariés. Vous participez aux préparations et services des repas et vous effectuez l'entretien des logements des résidents.

Activités demandées Barème : … / 40 pts
Vous devez : • Préparer une tarte au fromage pour 4 personnes. • Réaliser l'entretien de la poubelle et de l'évier. • Planifier votre travail en tenant compte de la situation professionnelle. • Remettre en état votre poste de travail.
Vous disposez de : • 2 h pour l'ensemble de votre travail (y compris l'évaluation écrite des savoirs associés). • Denrées, matériels et produits nécessaires. • Protocoles, fiches techniques.

Justification écrite des activités conduites Barème : … / 20 pts (5 pts par question)	
Nutrition 4.1	1. Donner deux critères de qualité organoleptique de la tarte au fromage. …………………………………………………………………… ……………………………………………………………………
Nutrition 5	2. Nommer, décrire et expliquer l'altération du beurre s'il est rangé sans emballage. …………………………………………………………………… ……………………………………………………………………
Biologie 1.2	3. Cocher le nom de la voie digestive empruntée par les lipides. ❑ Voie lymphatique ❑ Voie sanguine
Techno 1.5	4. Citer le nom de la salissure minérale présente dans l'évier et nommer le type de produit d'entretien qui permet de l'éliminer. ……………………………………………………………………

Les épreuves professionnelles du Bac Pro ASSP

Les épreuves professionnelles du Bac Pro ASSP sont différentes selon l'option choisie, deux sont communes.

	Épreuves ou sous-épreuves	Unités	Coeff.	Mode d'évaluation*
Commune aux 2 options	E13 Conduite d'un projet d'accompagnement	U13	4	CCF**
	E2 Analyse de situations professionnelles	U2	4	Ponctuel écrit
Option « à domicile »	E31 Accompagnement des actes de la vie quotidienne à domicile	U31	4	CCF
	E32 Organisation d'interventions à domicile	U32	2	CCF
	E33 Aménagement et équipement de l'espace privé	U33	2	CCF
Option « en structure »	E31 Soins d'hygiène et de confort, de services à la personne en structure	U31	4	CCF
	E32 Projet d'animation	U32	2	CCF
	E33 Conduite d'action d'éducation à la santé	U33	2	CCF

* Pour les candidats de la voie scolaire en établissement public ou privé sous contrat, CFA ou section d'apprentissage habilité, formation professionnelle continue dans un établissement public.
** CCF : contrôle en cours de formation.

La nutrition peut être évaluée dans deux épreuves que nous développons ci-dessous.

	E2 Analyse de situations professionnelles	E33 (structure) Conduite d'action d'éducation à la santé
Finalité et organisation de l'épreuve	Épreuve écrite de 4 h en centre d'examen. Permet de vérifier : – l'exactitude des connaissances relatives aux personnes auprès desquelles s'inscrivent les activités professionnelles et aux contextes institutionnels ; – l'aptitude à les mobiliser dans un contexte professionnel ; – la capacité d'analyse et de réflexion.	Dossier (élaboré à partir d'une PFMP, de la formation, d'une expérience professionnelle) et présentation du dossier suivie d'un entretien oral. → Permet d'évaluer la compétence mise en œuvre lors d'une conduite d'une éducation à la santé.
Contenu des savoirs associés	• Biologie et microbiologie appliquée • Sciences médico-sociales dont les notions de bientraitance, d'éthique et de déontologie • Nutrition • Technologies associées aux techniques professionnelles	• Biologie et microbiologie appliquée : les éléments de physiopathologie sont inclus dans les différents chapitres / 7.5 La contraception • Sciences médico-sociales : 1.1 Politique de santé publique / 1.4 L'adolescent - conduites à risques / 3.2 et 3.3 Communications écrite et visuelle • Nutrition : 3. Régimes alimentaires / 4. Comportements et habitudes alimentaires • Techniques professionnelles et technologie associée, Animation – Éducation à la santé : 6. Conduites d'actions d'éducation à la santé, promotion de la santé

Je révise la nutrition pour me préparer à l'épreuve E2 du Bac Pro ASSP

→ Révision de nutrition axée sur le jeune enfant notée sur 20 pts

Contexte professionnel : le multi-accueil associatif « Le nid douillet » est une structure qui accueille 15 enfants de 2 mois et demi à 3 ans. L'établissement, situé en zone rurale, est ouvert de 7 h 30 à 18 h 30, du lundi au vendredi. Plusieurs professionnels interviennent régulièrement dans cette structure : une puéricultrice qui dirige cette structure, deux auxiliaires de puériculture, une éducatrice de jeunes enfants, deux agents de service possédant le CAP AEPE, une cuisinière.

- **Option « en Structure » :** vous intervenez auprès des enfants dans les soins d'hygiène, l'aide à la prise des repas, la mise en place des activités de loisirs et d'acquisition de l'autonomie, et dans l'entretien de leur environnement.
- **Option « à Domicile » :** vous intervenez auprès d'une assistante maternelle salariée du multi-accueil ; vous aidez à la prise alimentaire.

Axel, 8 mois présente une intolérance au gluten. Il a débuté la diversification alimentaire il y a 1 mois. Il dispose d'un PAI précisant l'exclusion du gluten de son alimentation. Vous devez l'aider dans sa prise alimentaire.

1 Préciser le risque de diversifier trop tôt l'alimentation de l'enfant. **... / 1 pt**

....

2 Donner les textures sous lesquelles un enfant, qui débute la diversification alimentaire, peut manger des fruits et des légumes. **... / 2 pts**

....

3 Numéroter l'ordre d'introduction des aliments dans l'alimentation. **... / 1,5 pts**

Poulet	...	Lait 1er âge	...	Légumes secs	...
Fruits et légumes en petits morceaux	...	Fruits et légumes mixés	...	Œufs	...

4 Le menu du déjeuner de la crèche est donné ci-dessous. Le modifier de façon à ce qu'il convienne à Axel. **... / 2 pts**

Déjeuner de la crèche	Adaptations pour Axel
• Soupe de légumes aux vermicelles (pommes de terre, carottes, courgettes)	....
• Jambon blanc mixé	....
• Compote de pommes accompagnée d'un biscuit	....
• Eau à volonté	....

Vous donnez le goûter à Axel ; vous avez le choix entre deux sortes de madeleines (**doc. 1**) et un petit pot acheté dans le commerce (**doc. 2**).

5 Choisir la madeleine qui convient à Axel et justifier le choix. **... / 2,5 pts**

....

....

6 Préciser si Axel peut consommer le petit pot et justifier la réponse par au moins deux arguments. **… / 2 pts**

• ……………………………………………………………………………………

• ……………………………………………………………………………………

7 Ce petit pot riche en fruits est riche en vitamine. La citer, préciser sa classification et son rôle dans l'organisme. **… / 2 pts**

• ……………………………………………………………………………………

• ……………………………………………………………………………………

• ……………………………………………………………………………………

8 Comme produit laitier, Axel consomme un lait 2e âge ; donner son autre nom. **… / 2 pts**

……………………………………………………………………………………

9 Préciser le lieu de stockage après ouverture de ce petit pot et justifier. **… / 2 pts**

……………………………………………………………………………………

10 Donner au moins trois conduites à tenir face à un enfant présentant une intolérance alimentaire. **… / 3 pts**

• ……………………………………………………………………………………

• ……………………………………………………………………………………

• ……………………………………………………………………………………

DOSSIER TECHNIQUE

DOC. 1

Les ingrédients de différentes madeleines

Madeleine A	Madeleine B
Ingrédients : farine de blé (27 %), sucre, huile de colza non hydrogénée, œufs extra-frais (16 %), sirop de glucose-fructose, stabilisant : glycérol, pâte de cacao, lait frais 1/2 écrémé pasteurisé (2 %), fécule, poudres à lever, lait entier en poudre, beurre de cacao, sel, arômes, cacao maigre en poudre, lactose, émulsifiant : lécithines (soja).	**Ingrédients :** œuf, sucre, huile de palme non hydrogénée, farine de riz, fécule de pomme de terre, chocolat noir (6,9 %), stabilisant : glycérol d'origine végétale, dextrose, fructose, inuline, sirop de glucose, poudre de cacao maigre (1,0 %), amidon de riz, épaississant : gomme guar, gélifiants : alginate de sodium et pectine, émulsifiant : lécithine de colza, sel, poudres à lever, poudre de blanc d'œuf, arômes, correcteur d'acidité : phosphate tricalcique, affermissant : chlorure de calcium.

DOC. 2

Composition d'un petit pot

→ Révision de nutrition axée sur la personne âgée notée sur 20 pts

Contexte professionnel : le « Tilleul bleu » est une structure EHPAD qui accueille une trentaine de personnes âgées dépendantes dans des chambres individuelles et qui possède également un service accueillant des personnes autonomes dans des studios. La directrice de la structure gère une équipe constituée d'administratifs, de personnels de santé, de personnels de restauration et d'entretien des locaux. Les personnes âgées dépendantes ont la possibilité de faire appel à des personnes extérieures pour l'entretien de leur appartement et pour leur bien-être.

- **Option « en Structure » :** vous intervenez auprès des personnes âgées pour des soins d'hygiène corporelle, l'aide à la prise des repas et dans l'entretien de leur environnement. Vous êtes sous la responsabilité d'une aide-soignante.
- **Option « à Domicile » :** vous intervenez auprès d'une aide à domicile qui se rend chez une personne autonome pour l'aider à la préparation du repas et à la prise alimentaire.

M. Lacroix s'est fracturé le pied à la suite d'une mauvaise chute, il a été plâtré 4 semaines. Son médecin lui a conseillé une alimentation riche en protéines et en calcium pour lui éviter une dénutrition.

1 Afin de justifier l'apport supplémentaire en protéines et calcium : **… / 2 pts**

- Citer les rôles principaux de ces deux constituants alimentaires.
- Nommer les groupes alimentaires les plus riches.

Constituants alimentaires	Rôles	Groupes alimentaires
Calcium	....	....
Protéines	....	....

2 Donner quatre signes de reconnaissance de l'état de dénutrition et de déshydratation. **… / 4 pts**

- ....
- ....
- ....
- ....

3 Nommer le type de produit présenté dans le doc. 1 et expliquer son objectif. **… / 2 pts**

....

....

4 Proposer une alternative à ce type de produit en donnant des astuces pour les préparations culinaires. **… / 3 pts**

....

....

La restauration propose ce jour les plats donnés dans le doc. 2.
M. Lacroix a choisi le menu suivant : endives vinaigrette / poulet rôti et épinards / clémentines.

5 Proposer une adaptation du menu de M. Lacroix en respectant ses besoins spécifiques et justifier les choix (au moins trois réponses attendues). **… / 3 pts**

- ....
- ....
- ....

❻ Indiquer les conséquences sur l'alimentation des deux spécificités de l'appareil digestif de la personne âgée. **… / 2 pts**

Spécificités	Conséquences sur l'alimentation
Mauvaise dentition	…………………………………………………………
Transit intestinal ralenti	…………………………………………………………

❼ Afin d'inciter M. Lacroix à manger correctement ses repas, proposer quatre facteurs mettant en valeur les préparations culinaires. **… / 4 pts**

- …………………………………………………………………………
- …………………………………………………………………………
- …………………………………………………………………………
- …………………………………………………………………………

DOSSIER TECHNIQUE

DOC. 1

Potage hypercalorique, source de protéines

Pour personne dénutrie ou à risque de dénutrition.

Avec l'autorisation de la société Lactalis Nutrition Santé.

DOC. 2

Plats proposés au menu

Entrées au choix	
Endives vinaigrette Pommes de terre en salade	Œufs mimosas Friand au fromage
Plats et accompagnements	
Poulet rôti Steak haché	Carottes à la crème Épinards Pâtes
Desserts	
Emmental Camembert	Clémentines Petit-suisse
Pain et eau à volonté	

Annexe 1

Apports nutritionnels conseillés par jour

	Enfant 2-4 ans	Adolescent		Homme	Femme	Personnes âgées	
		Garçon	Fille			< 70 ans	> 70 ans
Énergie (kJ)	4 150 à 5 000	12 500 à 14 600	11 500 à 13 000	10 000 à 11 700	8 300 à 10 000*	8 300 à 10 000	7 500 à 9 200
Protides (g)	30 à 35	75 à 100	85 à 90	75 à 85	65 à 75	70 à 80	65
Lipides (g)	32	75	70	60	50	50	45
Glucides (g)	200 à 250	550 à 600	500 à 550	400 à 500	350 à 400	350 à 450	300 à 400
Eau (L) : boisson + eau des aliments	1,2	3 à 3,5	3 à 3,5	2,5 à 3	2 à 2,4	2 à 2,5	2 à 2,5
Vitamines (mg)							
C	40	60 à 100	60 à 100	70 à 80	60 à 70	60 à 70	50 à 60
D	0,001 à 0,002	0,003 à 0,010	0,003 à 0,010	0,003 à 0,010	0,003 à 0,010	0,003	0,003
Minéraux (mg)							
Calcium	750	1 500	1 450	900	900	900	1 200
Phosphore	700	1 600	1 550	1 300	1 100	1 000 à 1 200	900 à 1 000

* Femme enceinte : 9 600 kJ.

Annexe 2

Suggestions de rations alimentaires équilibrées selon l'âge (quantité/jour)

Aliments	Quantité/jour				
	Personne âgée	Homme	Femme	Adolescent	
				Garçon	Fille
Lait ½ écrémé (mL)	400 à 500	350	350	500	500
Fromage (g)	40	60	40	60	40
Œuf	120 à 170 en alternant	½ à 1 }170 à 200	½ à 1 }150 à 170	½ }170	½ }170
Viande, poisson (g)		150	120	150	150
Pain (g)	120 à 180	220	160	270	160
Céréale ou dérivés (g)	30 à 40	40	30	50	50
Pomme de terre ou équivalent (g)	250 à 350	350	300	400	300
Légumes frais (g)	300	350	300	350	350
Fruits frais (g)	300	300	300	300	300
Beurre, margarine (g)	20 à 25	30	25	35	25
Huile (mL)	20 à 25	30	25	30	25
Sucre (g)	50 à 60	60	50	70	55

Annexe 3

Principales équivalences en poids et équivalences alimentaires

PRODUITS LAITIERS	FÉCULENTS ET CÉRÉALES
1 verre = 125 mL = 1 yaourt 1 grand verre = 200 mL 1 bol = 250 mL 1 assiette à potage = 250 mL Petit-suisse = 30 g 2 cuillères à soupe de fromage blanc = 100 g 1 portion de camembert = 30 g	1 biscotte = 10 g 1 petit pain = 50 à 60 g 1 pomme de terre = 150 g 1 cuillère à soupe de farine rase = 12 à 15 g 1 cuillère à soupe de riz = 20 g 1 cuillère à café = 1/3 des portions indiquées.
CORPS GRAS	**SUCRE ET PRODUITS SUCRÉS**
1 noix de beurre, de margarine = 15 g 1 cuillère à soupe d'huile = 9 g	1 morceau de sucre = 1 cuillère à café = 5 g 1 cuillère à soupe = 15 g 1 cuillère à soupe de confiture, miel, gelée = 30 g = une portion distribuée dans la restauration collective 1 verre de soda = 150 mL = 15 g

Équivalence ÉNERGÉTIQUE	Équivalence CALCIQUE dans le groupe (environ 150 mg)
200 g de pomme de terre = 100 g de semoule = 25 g de beurre = 70 g de pain = 130 g de riz = 160 g de légumes secs	1 verre de lait = 1 yaourt = 150 g de fromage blanc = 30 à 60 g de fromage à pâte molle = 15 à 20 g de fromage à pâte ferme = 100 g de fromage fondu
Équivalence PROTIDIQUE (environ 20 g)	
100 g de viande = 100 g de poisson = 2 œufs = 700 mL de lait = 100 g de cantal = 200 g de coquillage = 300 g de lentille = 280 g de pois chiche = 300 g de pâte complète	

Annexe 4

Tables de composition des aliments (1)

LAIT ET PRODUITS LAITIERS													
Pour 100 g de :	Énergie (KJ)	Eau (g)	Protides (g)	Lipides (g)	Glucides (g)	Sodium (mg)	Magnésium (mg)	Calcium (mg)	Fer (mg)	Vitamine C (mg)	Vitamine B1 (mg)	Vitamine A (µg)	Vitamine D (µg)
Camembert	1 140	55,4	21,3	21,1	Traces	552	19,3	449	0,2	–	0,04	163	0,5
Comté	1 730	33,2	27,2	34,6	0	322	51	993	0,2	–	–	263	–
Emmental	1 590	38,7	28,2	30,2	Traces	362	48,9	898	0,1	0	0,04	230	1
Fromage de chèvre	1 210	52,2	19,3	24,1	Traces	495	12,7	107	0,2	–	0,02	152	< 0,5
Roquefort	1 480	43,8	19,6	30,9	Traces	1 460	31,5	645	0,1	0	0,04	212	–
Lait demi-écrémé	192	89,7	3,2	1,5	4,8	42,6	12,1	117	0,04	1,5	0,06	19,2	< 0,5
Lait entier	272	87,5	3,2	3,7	4,8	44,2	9,8	120	0,01	< 0,5	0,04	31,4	0,1
Fromage blanc	485	79,5	6	7,6	3,3	40,8	9,6	104	< 1	Traces	0,04	90	< 0,2
Yaourt nature	302	84,1	4,1	2,6	7,4	49,9	12,5	128	0,2	< 0,5	0,04	11	0,8
Yaourt aromatisé	370	80,2	3,4	2,6	11,9	50,9	10,8	120	0,1	< 0,5	0,17	26	0,8

CORPS GRAS													
Pour 100 g de :	Énergie (KJ)	Eau (g)	Protides (g)	Lipides (g)	Glucides (g)	Sodium (mg)	Magnésium (mg)	Calcium (mg)	Fer (mg)	Vitamine A (µg)	Vitamine E (mg)	Acide gras saturé (g)	Acide gras polyinsaturé (g)
Beurre	3 070	15,8	0,7	82	1,2	15,5	2	17,8	0,02	716	2,1	55,4	2,7
Margarine	2 990	16,3	0,3	80,1	1,2	174	4,2	11,1	0,1	780	8,5	23,9	23,6
Crème fraîche	1 240	64,2	2,3	31	2,8	26,7	7,5	75	0,08	212	0,5	22,1	0,8
Huile de colza	3 700	0	0	100	0	1,1	< 0,6	< 2,7	0,02	0	27,7	7,2	26,9
Huile d'olive	3 700	0	0	100	0	< 1,1	< 0,6	< 2,5	0,04	0	21,7	11,9	7,4
Huile de tournesol	3 700	0	0	100	0	< 1,1	< 0,5	< 2,5	0,02	0	58,3	10,9	54,5

Remarques : Traces = ne peut être quantifié ; 0 = valeur nulle ; – = aucune information donnée.

Annexe 5

Tables de composition des aliments (2)

FRUITS ET LÉGUMES												
Pour 100 g de :	Énergie (KJ)	Eau (g)	Protides (g)	Lipides (g)	Glucides (g)	Sodium (mg)	Magnésium (mg)	Calcium (mg)	Fer (mg)	Vitamine C (mg)	Vitamine B1 (mg)	Vitamine B9 (µg)	Fibres (g)
Banane	306	80,2	1	0,2	15,2	1,1	34,9	12	0,26	2,1	0,04	29	1,9
Cassis	267	80,7	1,3	0,8	7,8	2,5	23	57,1	1,1	181	0,03	8,2	5,8
Melon	178	88,7	0,7	0,2	8,8	9	18,9	12,3	0,1	28,8	0,04	23,3	0,9
Orange	196	87	1	0,3	8	1,2	12,4	29	0,1	57	0,08	38,1	2
Raisin	311	81,2	0,7	0,1	14,4	2	7	10	0,3	3,2	0,07	2	0,7
Tomate	77,2	94,1	0,8	0,2	2,2	3,2	10,1	8,1	0,1	15,5	0,04	22,7	1,2
Concombre	48	96,5	0,6	0,2	1,5	6,5	12	14	0,2	3,7	< 0,04	10	0,7
Courgette	64,9	93,8	0,9	0,3	1,4	39	21,8	20,3	0,3	2,9	< 0,05	32,8	1,5
Épinard	102	91,8	2,8	0,5	0,9	322	76	127	2,3	14,3	0,01	98	2,4
Haricot vert	91,2	92	1,3	0,3	1,7	261	13	42,7	0,8	3,1	0,05	20,5	3,3
Salade verte	56,8	96,1	1	0,1	1,5	23,6	10	20	0,4	1,9	0,04	55,3	1,3

CÉRÉALES ET FÉCULENTS												
Pour 100 g de :	Énergie (KJ)	Eau (g)	Protides (g)	Lipides (g)	Glucides (g)	Sodium (mg)	Magnésium (mg)	Calcium (mg)	Fer (mg)	Vitamine C (mg)	Vitamine B1 (mg)	Vitamine B9 (µg)	Fibres (g)
Farine de blé	1 470	13,6	10,4	1,1	71,5	1,9	24,9	19,5	0,9	0	0,1	24,7	2,9
Haricot blanc	489	65,4	9	0,3	15,9	6	60,7	55,2	1,7	0	0,1	81	6,3
Lentille	449	71,2	8,6	0,3	14,1	2	35,6	26,2	1,4	1,5	0,1	181	6
Pâte complète	541	67,5	4,5	0,9	23,4	< 5	36	22	0,9	< 0,5	0,07	10,5	3,3
Pois chiche	532	68,7	6,8	2,6	16,1	216	27,5	41,2	1,15	0,1	0,03	36,5	5,4
Pomme de terre	336	78,3	1,8	0,3	16,4	39	17,3	5,8	0,3	2,9	0,07	31,1	1,8
Riz blanc	615	63,9	2,9	0,4	31,8	< 5	7,1	14	0,04	<0,5	0,03	9,9	0,8

Remarques : Traces = ne peut être quantifié ; 0 = valeur nulle ; – = aucune information donnée.

Annexe 6

Tables de composition des aliments (3)

VIANDE POISSON ŒUF (VPO)													
Pour 100 g de :	Énergie (KJ)	Eau (g)	Protides (g)	Lipides (g)	Glucides (g)	Sodium (mg)	Magnésium (mg)	Calcium (mg)	Fer (mg)	Acide gras saturé (g)	Acide gras polyinsaturé (g)	Vitamine A (µg)	Vitamine D (µg)
Bœuf (steak)	541	69,1	27,6	1,9	traces	63,7	28,9	7,1	2,3	0,9	0,05	–	–
Foie de veau	579	67,7	17,8	3	9,7	81,5	21,5	6,5	4,5	1	0,78	10 500	2,5
Poulet	794	62,4	29,8	7,8	0	71	27	14	1	2,2	1,6	28	0,1
Saucisson sec	1 730	30	24,2	34,5	2,4	1900	32	14,4	1,3	11,3	3,7	Traces	0,5
Pâté de campagne	1 280	52,2	14,7	25,5	4,7	762	17,2	20,1	6,1	10	3,4	–	0,2
Poisson gras	826	63,5	23,6	11,5	Traces	51,5	21,4	9,2	0,4	3,1	3	5	8,7
Crevette	448	72,2	19,3	1,33	4,1	387	61	240	2	0,3	0,5	< 2	< 0,5
Œuf	557	76,5	13,5	8,6	0,5	124	14	41	1,7	2,8	1	61,5	1,1

SUCRE ET PRODUITS SUCRÉS													
Pour 100 g de :	Énergie (KJ)	Eau (g)	Protides (g)	Lipides (g)	Glucides (g)	Sodium (mg)	Magnésium (mg)	Calcium (mg)	Fer (mg)	Vitamine C (mg)	Vitamine B1 (mg)	Vitamine A (µg)	Vitamine D (µg)
Sucre blanc	1 690	0,3	0	0	99,7	2,2	1,6	3,7	0,07	0	0	0	0
Chocolat au lait	2 310	0,6	7,4	34,3	52,9	102	62,6	227	1,2	0,05	0,1	79,5	0
Confiture de fraise	1 110	37,3	0,4	0,7	64	–	6,1	10,4	< 0,1	2,6	0	0	0
Miel	1 390	18	0,5	0	81,3	4,1	4,3	7,9	0,2	0,8	0	0	–
Biscuits secs	1 880	4,3	6,8	15,1	69,7	334	15,3	4	2,1	0	0,2	0	0
Jus de fruits	175	88,9	0,5	0,1	8,6	2,2	8,9	50,1	0,1	31,6	0,05	0	0

Remarques : Traces = ne peut être quantifié ; 0 = valeur nulle ; – = aucune information donnée.

Lexique

A

Acide aminé essentiel : petite unité qui constitue les protéines et que le corps ne sait pas synthétiser ; ils doivent être apportés par l'alimentation.

AEC : Apport Énergétique Conseillé

Allergie alimentaire : réaction immunitaire anormale due à la consommation d'un allergène (ici un aliment).

ANC : Apport Nutritionnel Conseillé

Anorexie : absence ou perte d'appétit ; conséquence d'un trouble physiologique ou d'un trouble psychologique (anorexie mentale).

Anses : Agence nationale de sécurité sanitaire de l'alimentation, de l'environnement et du travail

ARS : Agence Régionale de Santé

Artériosclérose : maladie dégénérative des vaisseaux qui perdent de leur élasticité.

Astringent : qui resserre les muqueuses et provoque une sensation d'âpreté et d'assèchement de la bouche.

B

Boulimie : trouble du comportement alimentaire d'origine psychologique qui se manifeste par la consommation d'une grande quantité de nourriture, puis par son élimination par vomissement ou par absorption de laxatifs ou diurétiques.

C

Calorie : unité de mesure de l'énergie libérée par la chaleur. On l'utilise pour exprimer les dépenses et les besoins énergétiques de l'organisme ainsi que l'énergie libérée par un aliment (1 calorie = 4,185 joules).

Carence alimentaire : apport insuffisant de nutriment par notre alimentation.

CNO : Complément Nutritionnel Oral

Colloïdale : solution qui est un mélange hétérogène, souvent translucide ou laiteux.

Complément alimentaire : préparation qui comble les carences alimentaires d'un d'individu.

Complémentarité : association de plusieurs sources de protéine afin d'avoir un apport suffisant en acides aminés essentiels.

Constituant alimentaire : molécule complexe issue de la digestion des aliments ; trop complexe, elle ne peut pas être assimilée par l'organisme.

D

DDI : Direction Départementale Interministérielle

DDM : Date de Durabilité Minimale

Dénutrition : lorsque l'apport en nutriment est inférieur aux besoins. La dénutrition dégrade l'état général d'un individu.

Déshydratation : survient lorsque les apports en eau sont inférieurs aux dépenses et aux besoins. Elle se manifeste par un état de fatigue, les yeux enfoncés, un pli cutané qui persiste et une urine très colorée.

Diabète : maladie causée par la libération insuffisante ou l'absence d'insuline, rendant les cellules incapables d'utiliser le glucose, qui reste dans le sang.

Digestion : processus mécanique et chimique permettant la simplification moléculaire des aliments en nutriments pour que l'organisme puisse les absorber.

Diurétique : médicament qui augmente l'excrétion urinaire.

DLC : Date Limite de Consommation

Dysphagie : sensation d'arrêt ou bien douloureuse lors de la déglutition (action d'avaler) d'un aliment solide ou liquide.

E

Endogène : qui est produit par et à l'intérieur du corps.

Endotoxine : toxine qui n'est libérée que lors de la destruction ou lyse de la bactérie qui la sécrète.

Équivalence alimentaire : substitution d'un aliment par un autre et qui apporte les mêmes proportions d'un nutriment donné.

Exotoxine : toxine produite par une bactérie lorsqu'elle est encore vivante.

F

Fibres alimentaires : elles constituent les parois des végétaux et ont un rôle important dans le transit intestinal ; elles ne sont pas absorbées.

G

Glycémie : taux de glucose dans le sang. Lorsque celui-ci est inférieur à la normale, on parle d'hypoglycémie et d'hyperglycémie dans le cas contraire.

H

HA : Hypo Allergénique

HACCP : Hazard Analysis Critical Control Point (*Analyse des dangers – points critiques pour leur maîtrise)*

Hypercholestérolémie : augmentation anormale du taux de cholestérol dans le sang.

Hyperglycémie : voir **Glycémie**.

Hypoglycémie : voir **Glycémie**.

I

IG : Index Glycémique

IMC : Indice de Masse Corporelle

Index glycémique : capacité d'un aliment à augmenter le taux de glucose dans le sang. Plus un aliment a un IG élevé et plus il est déconseillé pour une personne diabétique.

Intolérance alimentaire : digestion impossible ou difficile d'un aliment ; ne met pas en jeu le système immunitaire.

L

Laxatif : médicament utilisé dans le cas de constipation et qui facilite le transit intestinal.

M

Macroélément : élément minéral présent en grande quantité dans le corps (calcium, phosphore…).

Maladie cardiovasculaire : maladie liée au système circulatoire.

Maladie cœliaque : syndrome de malabsorption du gluten (protéine présente dans le blé, le seigle, l'orge, l'avoine…) qui touche les villosités intestinales.

MCV : Maladies CardioVasculaires

Métabolisme basal : quantité d'énergie nécessaire pour permettre le fonctionnement des cellules et assurer les fonctions vitales (respiration, contractions cardiaques, tonus musculaire…).

N

Nutriment : substance organique ou minérale issue, pour la plupart, de la simplification moléculaire des constituants alimentaires. Il est assimilable par l'organisme.

O

Obésité : forme sévère de surpoids (IMC supérieur à 30).

Oligoélément : élément minéral présent en petite quantité dans le corps (fer, zinc, fluor, chrome, iode, cobalt…).

OMS : Organisation Mondiale de la Santé

Ostéoporose : fragilisation des os dû à un renouvellement cellulaire moins important.

P

PAI : Projet d'Accueil Individualisé

PCEA : Préparation Culinaire Élaborée à l'Avance

PNNS : Programme National Nutrition Santé

Q

Qualité organoleptique : qualité d'un aliment que l'on apprécie grâce à nos cinq sens : aspect, odeur, saveur, texture et son.

R

Régime alimentaire : modification de son alimentation à des fins thérapeutiques. Hypo : lorsque l'on doit diminuer la quantité d'un nutriment de son alimentation et hyper dans le cas contraire.

Régime hyperprotidique : augmentation de la consommation en protéines en cas de dénutrition, d'escarre.

Régime hypoglucidique : réduction de la consommation en glucides en cas de diabète, de surpoids.

Régime hypolipidique : réduction de la consommation en lipides en cas de surpoids, d'obésité, de maladies cardiovasculaires.

Régime hyposodé : réduction de la consommation en sel en cas de maladies cardiovasculaires.

Régime sans résidu : réduction de la consommation en résidus en cas de pathologie ou d'intervention chirurgicale du tube digestif.

Résidu : c'est la fraction qui reste après la digestion de certains aliments : certains fruits et légumes, les légumes secs.

S

Surpoids : accumulation anormale et excessive de graisse corporelle qui peut nuire à la santé (IMC compris entre 25 et 30).

T

TCA : Trouble du Comportement Alimentaire

TIA : Toxi Infection Alimentaire

TIAC : Toxi Infection Alimentaire Collective

U

Umami : mot japonais qui signifie « savoureux ». La saveur umami correspond à un goût plaisant de bouillon ou de viande.

V

Valeur biologique d'une protéine : correspond à la quantité d'acides aminés essentiels qu'elle apporte.

Végétalien : régime alimentaire qui exclut tout aliment provenant d'un animal.

Végétarien : régime alimentaire sans aliment provenant de la chair d'animaux terrestres et marins mais qui tolère les dérivés des animaux.

VPO : Viandes Poissons Œufs

Crédits photographiques

Couverture : ph© Burger/Phanie (h et b)

p. 8 : ph© Adobe stock (h) ; **p. 12** : ph© Phovoir (1), ph© ValuaVitaly/iStockphoto (2), ph© Aabejon/iStockphoto (3) (Doc. 6) ; **p. 15** (de gauche à droite) : ph© Mchudo/iStockphoto (1), ph© Adobe stock (2), ph© Nito/Adobe stock (3), ph© Susanna Price/Getty Images (4 et 5), ph© Multiart/Fotolia.com (6), ph© Evgenia Sh/Fotolia.com (7) (Doc. 1) ; **p. 16** : ph© Adobe stock (1, 2, 3, 4, 5) ; **p. 17** : ph© Adobe stock (Doc. 3) ; **p. 18** (de gauche à droite) : ph© Adobe stock (1), ph© Adobe stock (2), ph© Multiart/Fotolia.com (3), ph© Mchudo/iStockphoto (6), ph© Evgenia Sh/Fotolia.com (7), ph© Nito/Fotolia.com (6), ph© Susanna Price/Getty Images (4) ; **p. 19** : ph© Sinuswelle/Fotolia.com (1), ph© Mara Zemgaliete/Fotolia.com (2), ph© Adobe stock (3), ph© Adobe stock (4), ph© Adobe stock (5) (Doc. 2) ; **p. 20** : ph© Barol16/iStockphoto (1 et 2) (Doc. 4) ; **p. 21** (de gauche à droite) : ph© Adobe stock (1, 2, 3 et 4), ph© Gabor Izso/iStockphoto (5) (Doc. 6) ; **p. 22** : © INPES – www.mangerbouger.fr – Extrait du « Guide alimentaire pour tous » (Doc. 7) ; **p. 23** (de gauche à droite) : ph© Adobe stock (1), ph© Hayesphotography/iStockphoto (2), ph© Sabrina Cercelovic/Fotolia.com (3), ph© Barol16/iStockphoto (4), ph© Martiapunts/iStockphoto (5), ph© Adobe stock (6), ph© Adobe stock (7), ph© Rimglow/iStockphoto (8), ph© Adobe stock (9), ph© Adobe stock (10), ph© Adobe stock (11), ph© Adobe stock (12), ph© Adobe stock (13), ph© Adobe stock (14), ph© Adobe stock (15), ph© Serghei Velusceac/Fotolia.com (16) (Doc. 8) ; **p. 26** : ph© Brian Jackson/Fotolia.com ; **p. 27** : ph© JPC-PROD/Fotolia.com (Doc. 1) ; **p. 29** : ph© Svetikd/iStockphoto (Doc. 4) ; **p. 30** : © Laboratoire Gallia (Doc. 6), Modilac Expert Riz 2 © Sodilac (Doc. 7) ; **p. 31** : ADIARIL® – © ABC Pharmacare (Doc. 9) ; **p. 34** : ph© Creativeye99/iStockphoto (1), ph© Martinturzak/iStockphoto (2), ph© Alain Wacquier/Fotolia.com (3) ; **p. 35** : ph© Adobe stock (1) (Doc. 4), ph© Auteurs (2, 3 et 4) ; **p. 36** : ph© Auteurs (Doc. 6) ; **p. 39** : ph© Photocrew/Fotolia.com (1), ph© Matteodestefano/iStockphoto (2) (Doc. 11) ; **p. 42** : ph© Vgajic/iStockphoto (bd) ; **p. 44** : ph© Africa Studio/Fotolia.com (Doc. 4) ; **p. 45** : ph© Adobe stock (1), ph© Auteurs (2 et 3) ; **p. 46** : ph© Pushlama/iStockphoto (Doc. 6) ; **p. 47** : ph© Dmitry Naumov/Fotolia.com (Doc. 7) ; **p. 50** : © Brochure « Allergie alimentaire ou intolérance alimentaire ? », Hôpital de Montréal pour enfants (Doc. 2) ; **p. 50** : © Lesieur (Doc. 3) ; **p. 51** : © AFDIAG (Association Française Des Intolérants Au Gluten) – www.afdiag.fr (Doc. 4) ; **p. 52** : ph© Auteurs (Doc. 6) ; **p. 53** (de haut en bas) : ph© Gilles Paire/Fotolia.com (1), ph© Serghei Velusceac/Fotolia.com (2) (Doc. 7) ; **p. 56** : ph© Stockyimages/Fotolia.com ; **p. 57** : ph© Alamy/Photo12.com (Doc. 1) ; **p. 58** : © INPES – www.inpes.sante.fr ; **p. 59** : ph© Laurent/Daniel/Bsip (Doc. 3) ; **p. 60** : © INPES ; **p. 61** : ph© Karen Struthers/Fotolia.com (Doc. 1) ; **p. 63** : ph© Food & Drink/Photocuisine (1 et 2), ph© Ian O'Leary/Getty Images (3) (Doc. 6) ; **p. 64** : ph© Auteurs (hg et hd), ph© Auteurs (bd) ; **p. 65** : ph© Dusan Zidar/Fotolia.com (Doc. 10) ; **p. 69** : ph© Nito/Fotolia.com (Doc. 1) ; **p. 70** : ph© Cardoso/Bsip (Doc. 4) ; **p. 71** : ph© Papkin/iStockphoto (1), ph© Food photo/Fotolia.com (2), ph© Adobe stock (3), ph© Adobe stock (4) (Doc. 6) ; **p. 74** : ph© ac_bnphotos/iStockphoto (Doc. 3) ; **p. 78** (de gauche à droite) : ph© Adobe stock (1), ph© AlexRaths/iStockphoto (2), ph© Adrian Coroama/Fotolia.com (3), ph© Adobe stock (4), ph© Natalia Mylova/Fotolia.com (5), ph© Papkin/iStockphoto (6), ph© RimglowiStockphoto (7), ph© Ncognet0/iStockphoto (8), ph© Serghei Velusceac/Fotolia.com (9), ph© Ju-Lee/iStockphoto (10), ph© Adobe stock (11), ph© Barol16/iStockphoto (12), ph© Jeremy Tamisier/Fotolia.com (13), ph© Adobe stock (14), ph© Adobe stock (15) ; **p. 80** : ph© Adobe stock (Doc. 3) ; **p. 85** : ph© Monkeybusinessimages/iStockphoto (1), ph© Alamy/Photo12.com (2), ph© Sollub/Fotolia.com (3), ph© Adobe stock (4), ph© Adobe stock (5) ; **p. 86** : ph© Danielkrol/Fotolia.com (Doc. 4) ; **p. 89** : ph© Turnervisual/iStockphoto (1), ph© Picsfive/Shutterstock (2), ph© Boris25/iStockphoto (3), ph© EVAfotografie/iStockphoto (4) (Doc. 2) ; **p. 94** : ph© Peepo/iStockphoto ; **p. 97** : ph© Adobe stock (1), ph© Adobe stock (2), ph© Smitt/iStockphoto (3), ph© Adobe stock (4) ; **p. 98** : ph© Chris148/Fotolia.com (Doc. 5) ; **p. 99** : ph© Lactalis Nutrition Santé – www.delical.fr (Doc. 6) ; **p. 102** : ph© Vikif/iStockphoto (1), ph© Adobe stock (2), ph© Karandaev/iStockphoto (3), ph© Julichka/iStockphoto (4) (Doc. 3) ; **p. 103** : ph© Lactalis Nutrition Santé – www.delical.fr (Doc. 5) ; **p. 104** : © INPES – www.inpes.sante.fr – Extrait du « Guide nutrition pour les aidants des personnes âgées » ; **p. 105** : ph© MichaelDeLeon/iStockphoto (Doc. 1) ; **p. 106** : © INPES – www.inpes.sante.fr – Extrait du « Guide nutrition à partir de 55 ans » (Doc. 2) ; **p. 107** : ph© PoppyB/iStockphoto (1), ph© Monkeybusinessimages/iStockphoto (2) ; **p. 108** : ph© Xefstock/iStockphoto (bd) ; **p. 110** : ph© Adobe stock (1), ph© Garo/Phanie (2, 3, 4, 5 et 6) ; **p. 112** : ph© Lsantilli/Fotolia.com (Doc. 3) ; **p. 115** : ph© Vladimir Melnik/Fotolia.com (A), ph© Simon Weller/Getty Images (B), ph© JaysonPhotography/iStockphoto (C), ph© Boris Ryzhkov/Fotolia.com (D) ; **p. 118** : ph© Ben Moore/LookatSciences (1), ph© Mahathir Mohd Yasin/Shutterstock (2), ph© Garo/Phanie (3, 4 et 5) ; **p. 119** : ph© Adobe stock (b) ; **p. 121** : © Organisation mondiale de la santé ; **p. 123** : © Guide « Les toxi-infections alimentaires » – www.mapaq.gouv.qc.ca. (Doc. 2) ; **p. 124** : ph© www.traiteur-des-fins-gourmets.com (bg) ; **p. 125** : © Service infographie/le figaro.fr/17.02.2012 (Doc. 5) ; **p. 132** : © Blédina (Doc. 2) ; **p. 134** : ph© Lactalis Nutrition Santé – www.delical.fr (Doc. 1).

Conception graphique : adn
Mise en page : STDI
Couverture : Atelier du livre, adaptation Atelier des 2 Ormeaux
Iconographie : Anne Lauprête, Véronique Littré
Illustrations : Sylvain Frécon
Cartographie-Infographie : Marie-Christine Liennard, Valérie Goncalves, Christel Parolini

Achevé d'imprimer en mars en Italie par L.E.G.O. S.p.A. Lavis (TN)
Dépôt légal : mars 2018 - N° éditeur : 2017_1303